Giuseppe Di Grazia,
stern-Crime-Redaktionsleiter

ANGST …

… macht uns jedes Verbrechen. Aber einige erschüttern uns mehr als andere. Manche, weil sie so brutal sind, manche, weil das Opfer uns besonders schützens- oder liebenswert erscheint. Und bei manchen ist die Erklärung nicht ganz so einfach zu finden.

Für diese Ausgabe hat sich unsere Autorin Chantale Rau auf eine emotionale Spurensuche begeben. Sie recherchierte zum Fall des „Norddeutschen Pferderippers", der Dutzende Hengste, Fohlen und Stuten nachts in Ställen und auf Weiden erstochen hat. Seine Opfer waren keine Menschen, sondern Tiere. Dennoch sorgte dieser Fall bundesweit für außergewöhnlich große Empörung und Besorgnis. Oder vielleicht genau deswegen?

Warum berühren uns manche Taten besonders tief?

Unsere Autorin ging auch dieser Frage nach. Sie traf den Leiter der damaligen Sonderkommission, der sich bis heute schwer erklären kann, warum ausgerechnet ein Fall von Tierquälerei sein prominentester wurde. Sie sprach mit Züchtern, mit LKA-Beamten und wälzte psychologische Fachliteratur. Pferde haben für uns symbolische Bedeutung, ist darin zu lesen. Wir kennen sie als edle Begleiter aus Märchen und Sagen, sie stehen für Stärke und Reinheit, sie gelten als treu und vertrauensvoll, als menschenfreundlich und friedlich. Womöglich haben diese Zuschreibungen Privatleute dazu bewegt, für Hinweise eine Belohnung auszusetzen, die mehr als 20-mal so hoch war wie die in einer zeitgleich laufenden Mordermittlung. Hinweise zu einem Delikt, das manche banal nennen würden im Vergleich zu anderen Taten, mit denen auch wir bei Crime uns vorrangig beschäftigen.

Der Fall ist außergewöhnlich, aber vielleicht genau deshalb lehrreich. Er zeigt, dass ein Verbrechen für mehr als nur die jeweilige Einzeltat steht. Es ist eine symbolhafte Handlung, ein Angriff auf ein Gut, das uns kostbar ist. Auch deshalb machen Verbrechen Angst. Und deshalb wollen wir begreifen, wieso sie geschehen.

Wie gefällt Ihnen Crime? Ihre Meinung interessiert uns: info@stern-crime.de

MASTERCLASS stern Crime

VON DEN BESTEN LERNEN

stern Crime bietet ab dem kommenden Jahr Onlinekurse an, bei denen Kriminalexperten über ihr Fachgebiet sprechen und Kenntnisse ihrer Arbeit vermitteln. Die Kurse dauern jeweils 90 bis 120 Minuten und sind live, Nachfragen an die Lehrenden sind möglich. Die erste Session findet am 11. Februar 2021 statt: Alexander Horn, Leiter der Operativen Fallanalyse in München, erzählt von seinen Methoden bei der Verbrecherjagd, klärt auf, was ihn von Profilern in Krimis unterscheidet und gibt Einblicke, wie er seinen schwierigsten Fall löste: den des Maskenmannes. Infos: **stern-crime.de/Masterclass**

stern Crime PLUS

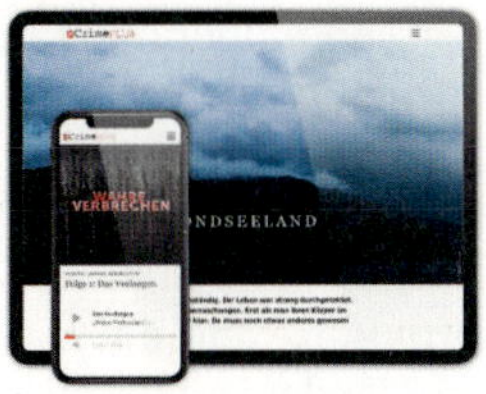

In unserer digitalen Ausgabe finden Sie nicht nur unser aktuelles Heft und unsere besten Fälle aus fünf Jahren, sondern auch exklusive neue Inhalte – wie etwa den Longread **„Der Schriftsteller"** (crimeplus.de/schriftsteller) oder den Fall **„Ein Tier"** (crimeplus.de/pferderipper) aus diesem Heft zum Hören (Audiostory). Wer es mal kostenlos testen möchte: **crimeplus.de**

Foto: Andra

24

Eine Koppel in Niedersachsen. Auch auf sie hatte sich der unbekannte Mann geschlichen

94

Luka Magnotta ist für viele ein Rätsel

// inhalt

Los Angeles in den Achtzigern. Die Stadt pulsiert. Durch ihre Adern bewegt sich etwas, das giftig ist

Adelheid Kastner hat viele Mörder getroffen. Sie kennt viele Arten, über Schuld zu sprechen

Ein Koffer, darin die Geschichte eines Lebens

// essay

SELBER SCHULD

Und was hat das Opfer dazu beigetragen, dass es zum Verbrechen kam? Diese Frage ist eigentlich verpönt. Es sei denn, es geht

VON **ANTJE JOEL**

Kennen Sie diesen Sketch der britischen Komikerin Tracey Ullman? Sitzt ein Mann, gerade Opfer eines Raubüberfalls geworden, der „Kommissarin" Ullman im Polizeibüro gegenüber. „Und als Sie überfallen wurden, trugen Sie da das Gleiche wie jetzt?", fragt die Kommissarin (noch) freundlich. Der Mann im Anzug ist irritiert. „Ich verstehe nicht, was das mit dem Überfall zu tun …?" Die Kommissarin, jetzt strenger: „Sie sehen geradezu provozierend wohlhabend aus. Ist ein bisschen wie eine Einladung, nicht wahr. Als ob sie Werbung machen dafür, was sie so alles haben …"

Ist selbstverständlich alles nur Spaß! Im wirklichen Leben würde kein vernünftiger Mensch einem Ausgeraubten die Schuld daran geben, dass er überfallen wurde. Aller Erfahrung nach nicht einmal, wenn das Opfer eine Frau ist. Frauen aber, die vergewaltigt wurden, Frauen, die von ihrem Partner oder Ex-Partner Gewalt erfahren, oder Frauen, die von ihrem Ex-Partner ermordet werden: Bei denen muss man schon mal genauer hingucken, was sie eventuell zu der „Situation" beigetragen haben. So reden nicht nur Stammtischbrüder.

Da ist der in einer britischen Studie zitierte Polizeibeamte, der zur Familie einer ermordeten Frau sagt: „Die hatte zwei gesunde Beine. Sie hätte jederzeit gehen können." Da ist der Richter, der die Schadensersatzklage einer Frau gegen ihren Partner ablehnt, weil sie „mit ihrem Verbleib in der Beziehung zu der Gewalt beigetragen hat". Da ist der Artikel, dessen Autorin – im Bemühen um Neutralität – fragt, wie der Mann, der eine Axt und ein Beil kaufte, seine geflohene Noch-Ehefrau durch einen Detektiv aufspüren ließ, ihr auflauerte, sie mit 89 km/h überfuhr und die Sterbende dann mit Axt und Beil erschlug, „derart die Kontrolle verlieren" konnte. Als sei sein durchdachter, energisch vorbereiteter Akt nicht ganz offensichtlich das Gegenteil von Kontrollverlust: nämlich die ultimative Ausübung von Macht über eine Partnerin, die sich ihm entzog.

Diese Ent-Schuldigungen für die Täter sind allgegenwärtig. Sie sind alles andere als neutral.

Opferbeschuldigung hat System. Sie ist ein entscheidender Teil des Diskurses über häusliche und sexualisierte Gewalt. Er hat sich über die vergangenen 50 Jahre, seit die Frauenbewegungen in England und den USA Gewalt gegen Frauen erstmals zum Thema machten, nicht verändert. Er bestimmt weiterhin unser Denken und Fühlen. Und – in der Folge – unser Handeln. So mächtig ist der Diskurs, dass sogar die ultimativen Expertinnen in Bezug auf Wesen und Wirkung der Gewalt ihn übernehmen. Eine Freundin, selbst Opfer sexueller und häuslicher Gewalt, schlug vor: „Wir müssten die Psyche der Opfer ändern! Dann stünden den Männern keine Opfer mehr zur Verfügung."

Forscher sehen die fortgesetzte Beschuldigung der Opfer und ihren niedrigen Status als die wesentlichen Gründe, warum unsere westlichen Gesellschaften, allen Kampagnen und Gesetzesänderungen zum Trotz, bei der Prävention der Gewalt gegen Frauen keine Fortschritte machen: Die Kriminalstatistiken zeigen einen kontinuierlichen Anstieg.

Der Kriminologe Nils Christie entwarf Mitte der 80er Jahre das Konzept des „idealen Opfers": ein Opfer, von dem wir glauben, dass es unser Verständnis, unsere Empathie und unsere Unterstützung verdient. Christie fand, dass dieses

Foto: Melanie Haberkorn/plainpicture

um häusliche Gewalt

Opfer fünf Kriterien zu erfüllen hat: Es muss als schwach oder verletzlich gelten können; es muss zur Zeit des Übergriffs einer respektablen Tätigkeit nachgegangen sein; es muss an den Umständen seiner Opferwerdung schuldlos sein; es muss von einem großen, bösen Täter angegriffen worden sein; und es darf diesen Täter nicht gekannt haben. Christies beispielhaftes Opfer war „eine kleine alte Dame, die den ganzen Tag bei ihrer kranken Schwester verbracht hat und auf dem Nachhauseweg von einem großen, bösen Mann überfallen wird, der das geraubte Geld für Drogen ausgibt". Jüngere Studien haben ergeben, dass in unserer modernen Gesellschaft zwei weitere Kriterien entscheidend sind: Das Opfer darf sich dem Täter gegenüber nicht provokativ verhalten haben. Und es muss perfekt mit Polizei und Justiz kooperieren.

Opfer häuslicher Gewalt geben schon darum kein „ideales Opfer" ab, weil sie den Täter kennen. Gleiches gilt für Frauen, die – wie in 85 Prozent der Fälle üblich – von einem Partner, Freund, Familienangehörigen oder Bekannten vergewaltigt werden. Die Studien der britischen Kriminologin Jane Monckton-Smith haben ergeben: Je intimer die Frau mit dem Täter ist oder war, umso weiter unten steht sie in der gesellschaftlichen und in der juristischen Hierarchie der Opfer. Umso weniger Empathie, Zuspruch und Schutz hat sie scheinbar verdient. Denn irgendwie ist sie an ihrer Opferwerdung selbst schuld. Weil sie sich mit dem Täter „eingelassen" hat. Weil sie sich ihm gegenüber nicht „richtig" verhalten hat. Oder weil sie bei seiner Verfolgung nicht kooperiert.

Meist machen sich die Frauen gleich all dieser „Verbrechen" schuldig. Konsens in der Gesellschaft und ihren Institutionen ist: „Die Frauen sind das Problem."

Ein irischer Familienrichter antwortete auf die von Forschern geschlechtsneutral gestellte Frage, ob „gewalttätige Eltern womöglich in ihrer Fähigkeit, gute Eltern zu sein, beeinträchtigt sind": „Ich sehe tatsächlich immer wieder Mütter, die von einer gewalttätigen Beziehung in die nächste stolpern. Da frage ich mich schon: Was stimmt mit denen nicht?" Und ein Polizist erklärte, wie häusliche Gewalt zu beenden sei: „Wenn sich die Opfer ordentlich benehmen und uns in unseren Bemühungen unterstützen würden, dann würde das Problem und alles, was mit ihm zusammenhängt, praktisch über Nacht verschwinden." Eine Einstellung, die andere Ersthelfer – Polizisten und Sanitäter – in dieser Studie teilten.

Als läge es – anders als bei anderen Verbrechen – in der Verantwortung der Opfer, die Gewalt gegen sie zu beenden. Als gäbe es hier keine Täter.

Tatsache ist: Trennung schützt nicht vor weiterer Gewalt. 75 Prozent der schwersten Übergriffe, Mord inklusive, werden von den Tätern nach der Trennung verübt. Oder während die Frau die Trennung plant. Frauen, die sich zu einer Anzeige überreden lassen, erleben oft, dass die Justiz keinen Schutz bietet. Verfahren werden wegen „Geringfügigkeit" eingestellt. Oder weil „kein öffentliches Interesse" bestehe. Studien zeigen: Richter schenken den Frauen wenig Glauben. Noch weniger, wenn das Sorgerecht für Kinder verhandelt wird: „Die Mütter erzählen sonst was, um gegen den Vater zu punkten: Die Kinder sind in Therapie, wir müssen uns erst mal von seiner Brutalität, Bösartigkeit oder was immer erholen, wir sind ja alle so schrecklich beschädigt und kaputt." So die Aussage eines anderen Familienrichters.

Psychologen erklären Opferbeschuldigung gern mit dem Glauben an eine „gerechte Welt": Böses widerfährt demnach nur dem, der es verdient. Wer sich ordentlich verhält, dem passiert nichts. Dieser Glaube gebe uns ein Gefühl von Sicherheit in einer unsicheren Welt. Das klingt hübsch versöhnlich. Nur: Ein Wertesystem fällt nicht vom Himmel. So wenig wie das Schuldgefühl und die Scham der Frauen. Wer bestimmt, was und wer ordentlich ist? Und wer dagegen verstößt und darum Böses verdient? Nach wessen Regeln funktioniert unsere Gerechtigkeit, und zum Nutzen wessen ist sie?

Der US-Forensiker Evan Stark, der seit 40 Jahren zu häuslicher Gewalt forscht, sieht Männergewalt gegen Frauen als „Abwehrreaktion gegen die fortschreitende Befreiung der Frauen von mütterlicher und häuslicher Knechtschaft". Der institutionalisierte Umgang mit den Opfern sei eine Fortsetzung der Gewalt. Und der Versuch, die Unterwerfung der Frauen zu sichern. Bislang ist er erfolgreich.

Um Gewalt gegen Frauen zu beenden, müssen wir anfangen, anders über die Gewalt und die Opfer zu sprechen. Wir müssen die Täter zur Kenntnis nehmen. ●

Antje Joel forscht an der Universität in Worcester, England, für ihre Masterarbeit zu häuslicher und sexualisierter Gewalt. In ihrem Buch „Prügel – Eine ganz gewöhnliche Geschichte häuslicher Gewalt" beschreibt sie eigene Erfahrungen und zeigt gesellschaftliche Hintergründe auf

CIN

J Ü N G E R

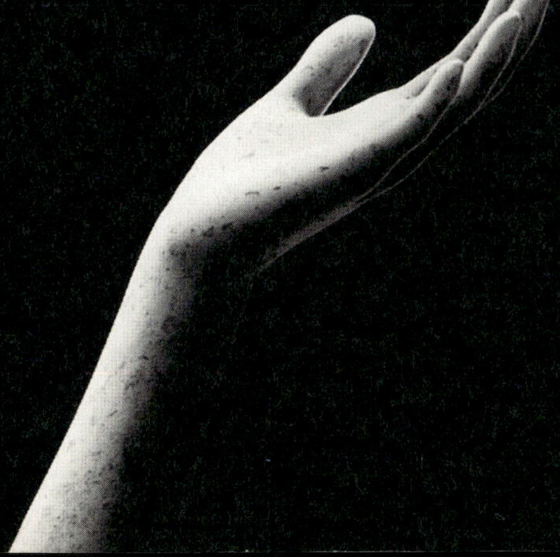

IN DER STADT DER

ENGEL

Los Angeles in den Achtzigern.
Es gibt neue Götzen in der Stadt. Sie heißen
Wohlstand, Aufstieg, Konsum.
Doch durch die Straßen fährt ein Mann,
der einem anderen Herrn huldigt: dem Teufel

VON **STEPHAN MAUS** FOTOS **JOHN BRIAN KING**

Downtown Los Angeles. Dunkles Herz Kaliforniens. Sein Zuhause. Er fuhr den gestohlenen Toyota an den Straßenrand, stieg aus und suchte sich einen verborgenen Winkel. Davon gab es hier genug. Stadtgestrüpp.

Er kochte das restliche Kokain auf, band sich den Arm ab und spritzte sich die Droge in die Vene. Intensiver, als das Zeug einfach zu schnupfen. Viel intensiver. Sofort fluteten die Reize auf ihn ein. Fiebertraum L. A. Zurück im Toyota, drehte er die Musik hoch und cruiste durch die Stadt. Aufgekochter Wahnsinn, Heavy Metal und die verschlungenen Freeways – das war seine Welt. Er brauchte Geld für den nächsten Schuss. Kein Problem. Er kannte viele Wege. In all den Jahren war er zu einem Schatten geworden. Nichts konnte ihn aufhalten.

In einem ärmlichen Viertel hielt er an und zog sich ein Paar Gartenhandschuhe über seine langen, spinnendürren Finger. Dann stieg er aus und suchte nach einem geeigneten Objekt. Ganz in Schwarz gekleidet, verschmolz er mit der Nacht. Eine Erdgeschosswohnung zu den Höfen hinaus schien ihm geeignet. Ein Fenster stand offen. Er nahm das Fliegengitter ab und stieg ein. Kaum war er in der Wohnung, kauerte er sich nieder. So machte er es immer. Mit dem Boden verschmelzen. Die Augen an das Dunkel gewöhnen.

Als er sich einen Überblick verschaffen konnte, sah er nichts als Armut und eine schlafende Gestalt unter einer braun-weißen Decke. Er durchwühlte einen Koffer und fand nichts als Kleider. Schränke, Schubladen: nichts. Maßlose Wut stieg in ihm auf. Er zog ein langes Jagdmesser, stürzte sich auf die 79-jährige Jennie Vincow und rammte ihr die Klinge in die Brust. Die Frau erwachte, versuchte sich zu wehren, vergebens. Er hielt ihr die Hand auf den Mund, stieß das Messer unter ihrem Ohr in den Hals und durchschnitt ihre Kehle bis zum anderen Ohr. Beinah trennte er ihren Kopf ab. So sehr war er von seiner Tat erregt, dass er noch drei Mal in die Brust seines Opfers stach. Eine Stunde blieb er in der ärmlichen Wohnung, atmete den Geruch von fremdem Blut und eigenem Schweiß und kostete seine Macht aus.

Es war im Jahre 1984, als Richard Ramírez endgültig den letzten Kreis der Hölle betrat: Er wurde vom Räuber zum satanistischen Mörder. Vor dem Mord an Jennie Vincow hatte er schon die neunjährige Mei Leung vergewaltigt und erstochen. Er wurde die Heimsuchung von Los Angeles. Ein wütender Dämon in der Stadt der Engel.

Richard Ramírez war als jüngstes von fünf Geschwistern in El Paso, Texas, aufgewachsen. Seine Eltern waren mexikanische Einwanderer, die versuchten, sich ein Stück vom amerikanischen Traum abzuknapsen. Seine Mutter war tiefgläubig. Sein Vater stammte aus einer Familie, in der die Prügelstrafe von einer Generation an die andere weitergegeben worden war. Julian Ramírez hatte sich immer geschworen, es anders zu machen als sein Vater und Großvater. Er wollte die Kette durchbrechen. Aber es ging nicht. Irgendwann drängte die Gewalt immer wieder hervor. Mal schlug er seinen eigenen Kopf gegen ein Waschbecken, mal knöpfte er sich einen seiner Söhne vor.

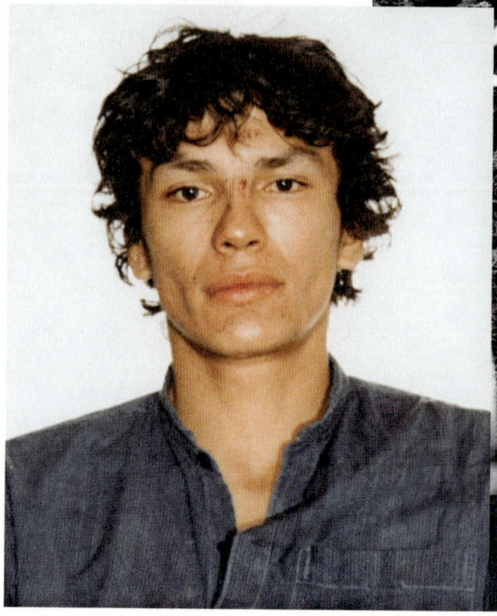

Richard Ramírez, wohnhaft in Downtown, Kokainjunkie, Einbrecher. Ein Jäger

Nichts war für Richard schmerzhafter, als mit ansehen zu müssen, wie einer seiner größeren Brüder vom Vater misshandelt wurde. Wenn er es zu Hause nicht mehr aushielt, stahl er sich auf den benachbarten Friedhof. Hier hatte er einen Platz gefunden, an dem er ungestört seine Nacht verbringen konnte. Er lag zwischen den Gräbern, betrachtete die Sterne über El Paso und fand endlich Ruhe.

Mit zehn bekam er epileptische Anfälle. Seine Eltern fragten sich, ob es mit dem radioaktiven Niederschlag vom nicht allzu weit entfernten Los Alamos zu tun hatte. Dort testete das Militär Atomwaffen, und der Fallout verseuchte die Umgebung. Schon Richards älterer Bruder Joseph hatte eine schwere Knochenkrankheit.

Die Umwelt konnte tückisch sein. Das hatte Richards Mutter am eigenen Leib erfahren. Sie arbeitete in einer Schuhfabrik, und der chemische Dunst der Färbemittel schenkte ihr einen angenehmen Schwindel, der ihr schmerzlich fehlte, wenn sie am Wochenende nicht zur Arbeit ging. Sie war abhängig von den Benzoldämpfen.

Richard spielte gern Football, wurde aber bald wegen seiner epileptischen Anfälle vom Training ausgeschlossen.

Fotos: vorige Seite und davor: George Rose/Hulton Archive/Getty Images; Illustration: Alex Broeckel; diese Seite: Bettmann/Getty Images(1), John Brian King: www.instagram.com/jbkphotographer

Christus im Dickicht, frühe Achtziger. Die zeitgenössischen Schwarz-Weiß-Bilder von L. A. entstammen den Foto-Projekten von John Brian King

Er wurde zum Einzelgänger. Mit zwölf folgte er dem Beispiel seiner älteren Brüder und fing mit Drogen an. Er schnüffelte Klebstoff und begann, um die Häuser zu streifen und die Menschen darin zu beobachten. Es dauerte nicht lange, und er wusste genau, wo es Interessantes zu sehen gab. Bald ging er einen Schritt weiter und brach ein. Er genoss das Gefühl, ein nächtlicher Geist zu sein. Unsichtbar, allmächtig.

Als er zwölf war, fand er einen Ersatzvater. Endlich jemand, der ihn nicht verprügelte, sondern ihm zeigte, wie man sich durchsetzt in einer Welt, die nichts als Krieg ist, verstehst du, Richard, ein verdammter Krieg.

Sein 24-jähriger Cousin Miguel war als hochdekorierter Veteran aus Vietnam zurückgekehrt und nahm nun den kleinen Richard unter seine Fittiche. Die beiden wurden unzertrennlich. Miguel nahm Richard in seinem Auto mit. Sie fuhren durch die Stadt, kifften und redeten über Sex. Auto, Stadt, Drogen, Sex. Richard liebte es.

Miguel prahlte mit den Heldentaten, die er in Vietnam begangen hatte. Erzählte, wie er Frauen vergewaltigt hatte. In einer Box unter seinem Bett bewahrte er die Bilder auf. Eines zeigte, wie er eine Frau mit vorgehaltener Pistole dazu zwang, ihn oral zu befriedigen. Ein anderes zeigte, wie er triumphierend mit dem abgetrennten Kopf der Frau posierte. Es war Krieg. Der Vietcong war der Feind. Alles war erlaubt.

Gebannt betrachtete Richard die Bilder. Wenn er abends masturbierte, dachte er nur noch an Miguels Fotos. Der Veteran zeigte dem 13-Jährigen die besten Tötungstechniken. Seinem Biografen Philip Carlo* schilderte Ramírez später nicht nur seine intimsten Fantasien, sondern auch, wie ihm sein Cousin den Schlitzstich der Vietnamkämpfer beibrachte: „Du stößt die Messerspitze in eine Seite des Nackens und ziehst es durch die Kehle. Das durchtrennt Luftröhre und beide Arterien, immer tödlich.“ Bei der schlafenden Jennie Vincow hatte er später das Erlernte zum ersten Mal angewandt.

Kaum hatte der 13-Jährige die Sexualität entdeckt, war sie für immer mit Gewalt verbunden. Er würde beide nie mehr voneinander trennen können.

Am 4. Mai 1973 spielte Richard in der Wohnung seines Cousins Billard. Wieder einmal stritt Miguel mit seiner Frau Jessie. Es lief nicht gut zwischen den beiden. Jessie wollte, dass sich Miguel endlich eine Arbeit suchte. Doch der machte nur Fitnesstraining, kiffte, cruiste mit seinem kleinen Cousin durch die Gegend und prahlte mit seinen Heldentaten im Dschungel. Der Streit eskalierte. Miguel nahm einen Revolver und bedrohte Jessie. Die lachte ihm ins Gesicht und spreizte die Beine. Er schoss ihr ins Gesicht. Als sie auf dem Boden aufschlug, war sie schon tot.

Gebannt betrachtete der 13-jährige Richard das Opfer. Die Eindrücke vom Tatort sollten für ihn zu mystischen Erinnerungen werden, auch das erzählte er später seinem Biografen. Der Geruch des Blutes, das Tanzen der Staubteilchen im Sonnenlicht, all das brannte sich für immer in sein Gedächtnis ein. Er wusste, es war falsch. Aber es war aufregend. ⟶

„The Life and Crimes of Richard Ramirez. The Night Stalker“, Citadel Press, 1996

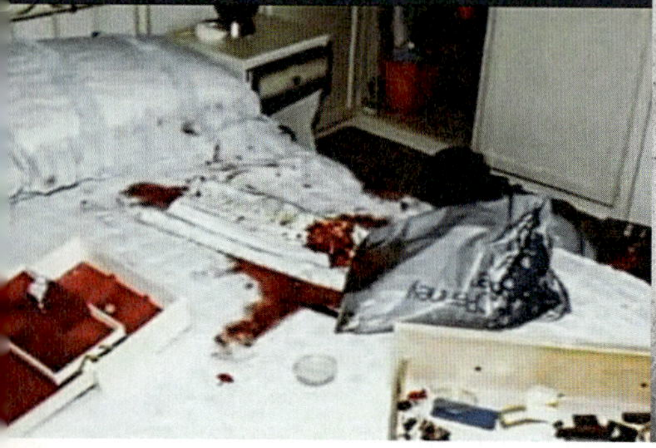

Monument, L. A.,
eine apollinische Schönheit

Richard sagte niemals gegen seinen Cousin aus. Als dekorierter Vietnam-Veteran erhielt Miguel ein mildes Urteil. Man entschied, ihn zu therapieren. Nach viereinhalb Jahren in der Psychiatrie kam er wieder auf freien Fuß. Richard schloss daraus, dass die Gesellschaft bereit war, Gewalt zu verzeihen. Es schien hier kein Richtig oder Falsch zu geben.

Nachdem er Zeuge an Jessies Mord geworden war, ging Richard nicht mehr in die Schule. Er vertrieb sich die Zeit mit Stehlen und Kiffen. Er probierte LSD aus. Mit 18 verließ er schließlich El Paso und ging nach Los Angeles. Sein großer Bruder Ruben lebte seit Jahren in der Stadt. Jedes Mal, wenn Richard ihn besucht hatte, war er fasziniert gewesen von dem Moloch. Die Spelunken in Downtown, die Pornokinos, die Prostituierten. Und in der Ferne glitzerten die Lichter der Villen in den Hügeln. Hier gab es alles, was ihm begehrenswert schien. Man musste nur zugreifen.

Richard Ramírez wurde kokainsüchtig. Er ging auf Raubzug, vergewaltigte und kochte in dreckigen Seitenstraßen seinen Stoff auf. Wegen Autodiebstahls saß er mehrere Monate in Haft. Als Räuber wurde er immer besser, als Süchtiger sank er immer tiefer.

Nachdem er Mei Leung und Jennie Vincow umgebracht hatte, tauchte er unter. Zog sich in seine billigen Hotelzimmer zurück und gab sich ganz dem Kokain hin. Im Delirium fantasierte er von immer wilderer Gewalt. Doch Fantasien reichten nun nicht mehr. Er hatte eine Droge kennengelernt, die ihm noch mehr Rausch verschaffte. Die ihn zurückführte in das mystische Leuchten in jenem Zimmer, in dem sein Cousin seine Frau ermordet hatte. Davon wollte er mehr.

Am 17. März 1985 kaufte er sich eine Pistole. Kaliber .22. Die Waffe der Auftragskiller, das wusste er. Klein und handlich. Abends stahl er an einer Tankstelle ein Auto, während der Eigentümer an der Kasse bezahlte. Das verschlungene Freeway-Netz saugte ihn gierig auf. Wie eine Überdosis Unheil jagte er durch die Adern der Stadt. Aus den Kopfhörern seines Walkmans dröhnte „Highway to Hell" von AC/DC. Seine Hymne.

In einem goldenen Chevrolet Camaro entdeckte er eine junge Frau, die ihm gefiel: die 22-jährige Maria Hernandez, die gerade von einer Verabredung mit ihrem Freund nach Hause fuhr. Er folgte ihr zu der Wohnung, die sie sich mit der 34-jährigen Dayle Okazaki teilte. Ramírez stellte Maria Hernandez in ihrer Garage. Er schoss ihr ins Gesicht. Genau so hatte Miguel seine Frau Jessie ermordet. Doch Maria Hernandez hob schützend die Hände, und ihre Autoschlüssel lenkten die Kugel ab. Sie ließ sich auf den Garagenboden fallen und stellte sich tot.

Ramírez stieg über sie hinweg, betrat durch die Garagentür die Wohnung und fand Dayle Okazaki hinter dem Küchentresen. Er schoss ihr in die Stirn und rannte zurück zu seinem Wagen. Er nahm keinen einzigen Wertgegenstand mit. Es war die reine Mordlust, die in ihm tobte.

Als er zum Auto lief, traf er auf Maria Hernandez, die zu flüchten versuchte. Er war so überrascht, dass er sie leben ließ.

Auf dem Freeway erspähte er die 30-jährige Jurastudentin Veronica Yu in ihrem Auto und folgte ihr. Sie bemerkte ihn, ließ ihn überholen und fuhr dann ihrem Verfolger hinterher. Als er anhielt, stellte sie ihn zur Rede. Zwei Mal schoss er auf sie und floh lachend. Sie starb im Krankenhaus.

Für Ramírez war die Wiederaufnahme des Tötens nach all den Monaten des Kokainrausches wie ein Dammbruch. Ein Jahr lang hatte er den Erinnerungen seiner Morde nachgehangen. War immer tiefer in einen wüsten Satanisten-Kult versunken. Schon in seiner Kindheit, während der Nächte auf dem Friedhof in El Paso, hatte er die Macht des bösen Engels gespürt. Satan war kein Feind, sondern ein zuverläs-

Wo er hinkommt, hinterlässt der „Night Stalker" seine Spuren (l.). Bei Vincent und Maxine Zazzara wütet er besonders brutal. Sie hatten es gewagt, sich zu wehren

siger Beschützer. Er musste sich ihm nur ganz hingeben. Also würde er in Zukunft all seine Taten dem höchsten Bösen widmen. Er wollte dem Zentrum der Hölle noch näher kommen. Dann würde er unbesiegbar werden, da war er sich sicher.

Acht Tage nach dem Doppelmord stahl er abends einen weiteren Toyota und zog los. Wieder tauchte er ab in das undurchdringliche Gestrüpp der Freeways. Palmen schüttelten ihre struppigen Köpfe wie wütende Riesen. Es trieb ihn in das Mittelstands-Idyll Whittier im Südosten von Los Angeles. Vor einem Bungalow zwischen Orangen- und Zitronenbäumen brachte er den Wagen zum Stehen. Hier kannte er sich aus. Hier war er schon ein Jahr zuvor eingebrochen.

Er schlich ums Haus und stieg durch ein kleines Fenster in den Waschraum ein. Zuerst zog er seine Schuhe aus. Dann glitt er auf Socken ins Wohnzimmer, in dem Vincent Zazzara vor dem Fernseher auf dem Sofa eingeschlafen war. Er schoss ihm über dem linken Ohr in den Kopf. Zazzara brach zusammen und verblutete.

Ramírez eilte ins Schlafzimmer, wo Vincents Frau Maxine wach geworden war und schrie. Er beschimpfte sie, schlug sie und fesselte sie mit einer Krawatte aus dem Kleiderschrank. Er zog die Telefonkabel aus der Wand, durchwühlte Schubladen und Schränke und packte Wertsachen in einen Kopfkissenbezug.

Währenddessen gelang es Maxine, ein Gewehr unter dem Bett hervorzuziehen. Ihr Mann hatte es dort versteckt, nachdem er von Ramírez' letztem Einbruch gelesen hatte. Sie erhob sich und richtete die Waffe auf den Rücken des Fremden. Ramírez spürte die Bedrohung, drehte sich um und starrte in die Mündung. Maxine drückte ab. Es klickte hohl. Maxine konnte nicht wissen, dass ihr Mann die Patronen aus dem Magazin genommen hatte, weil kurz zuvor Kinder zu Besuch gewesen waren.

Ramírez war außer sich, dass jemand es wagte, ihn töten zu wollen. Ihn, den Unbesiegbaren. Ihn, den treuen Soldaten des Bösen. Drei Mal feuerte er auf Maxine Zazzara. Dann schlug und trat er auf die verblutende Frau ein. Rannte in die Küche und durchwühlte die Schubladen. Stürmte mit einem gezückten Messer zurück ins Schlafzimmer, stürzte sich auf Maxine und versuchte, ihr Herz aus ihrer Brust zu schneiden. Doch es gelang ihm nicht, den Brustkorb zu durchdringen. Wutentbrannt schlitzte er ein umgedrehtes Kreuz in ihre Haut. Dann schnitt er ihre Augen heraus und legte sie lachend in eine Schmuckdose. Er versuchte noch, sich an der Frau zu vergehen, war aber zu aufgebracht.

Blutüberströmt verließ er das Haus durch die Eingangstür. Was sollte schon passieren? Hatte er nicht einen machtvollen Talisman? Bevor er losfuhr, legte er die Schachtel mit Maxine Zazzaras braunen Augen auf den Beifahrersitz. Er war nun ein legitimer Abgesandter Luzifers.

Der wüste Satanist Richard Ramírez mordete auf dem Höhepunkt des Neoliberalismus. Die 80er Jahre waren jene Epoche, in der man dem freien Markt alle Zügel schießen ließ. Er wurde zum allmächtig waltenden Gesetz. Die Spannungen in der Gesellschaft wurden stärker und stärker. Konkurrenz war alles. Gewinnen oder verlieren. Bürger waren nun Konsumenten, mehr nicht. In den USA gestaltete der ehemalige kalifornische Gouverneur Ronald Reagan das Land erbarmungslos nach der Doktrin des freien Marktes um. In Großbritannien war es Margaret Thatcher. Von ihr stammt der Satz: „So etwas wie Gesellschaft existiert nicht."

Richard Ramírez war die reine Verkörperung dieses radikalen Prinzips. Der Dämon eines seelenlosen Systems, in dem sich jeder nimmt, was er will. Sein Lebensziel war wie die apokalyptische Karikatur des amerikanischen Traums: Nichts wünschte sich Ramírez mehr als ein Eigenheim mit einer persönlichen Folterkammer. Unbehelligt wollte er in den funkelnden Hügeln von Los Angeles zwischen Orangen- und Zitronenbäumen seinen Machtgelüsten nachgehen. Dort, wo im Abenddämmern in den Gärten Rehe an duftenden Blumen knabberten, wollte er schänden und quälen.

Doch dieses Ziel lag noch in weiter Ferne. Ramírez lebte in schäbigen Hotels in Downtown. In den schmutzigen Unterkünften fragte niemand nach Ausweis oder Beruf. Downtown war die Heimat der Dropouts ebenjener Gesellschaft, die es laut Margaret Thatcher nicht gab. Und die folglich auch niemanden auffangen konnte. Wer rausfiel, war für immer draußen.

Brach die Nacht herein, setzte Ramírez sich seinen Walkman auf, startete Billy Idol oder Judas Priest und machte sich auf den Weg. Am Greyhound-Busterminal bekam er Drogen und Waffen. Sogar eine Uzi fand er hier. Im Getümmel traf er seinen Hehler, dem er die Beute seiner Raubzüge verkaufte.

Vom düsteren Herzen des kalifornischen Molochs aus ging er auf seine Streifzüge in die Idyllen der umliegenden Hügel. Was Immobilienmakler in ihren Prospekten als Vorzüge anpriesen, wurde seinen Opfern zur tödlichen Falle: ⟶

lie auf der Reise

Es ist eine Zeit, in der Glamour und Verfall eng beisammenliegen

Ramírez hat an seiner Vorgehensweise gefeilt. Er setzt auch Daumenschrauben ein

Isolierte Einzellage und Mittelklasse-Ruhe garantierten dem Killer Ungestörtheit. Liebevoll gehegte Palmen und Eukalyptusbäume gaben ihm perfekte Deckung.

Wie ein böser Fluch vernichtete Ramírez amerikanische Ideale: Rentner, die ihre hart erarbeitete große Reise planten. Junge Frauen, die gerade erst ihre Beförderung gefeiert hatten. Er schien wie die bittere Strafe für alle Auswüchse des amerikanischen Traums: Brutalität, durch Privatisierung zerrüttete Bildungs- und Sozialsysteme.

Mit dem fortschreitenden Ausbau des Freeway-Netzes war Downtown Jahr um Jahr mehr verödet. Die Mittelschicht war nach und nach in die Vorstädte gezogen. Das Zentrum war mexikanischen Migranten und Dropouts überlassen worden. Und nun kam Ramírez über ebenjene Freeways, die den Gewinnern der Gesellschaft die Flucht vor den Verlierern ermöglicht hatten. Er wurde der düstere Racheengel von Downtown, immer ein Ohr am Radio-Scanner, mit dem er den Polizeifunk abhörte.

Nachdem Ramírez Maxine Zazzara die Augen entnommen hatte, begriff er sich endgültig als ergebener Soldat Satans. Seine nächste Tat sollte er dem Teufel persönlich widmen. Während er wieder durch ein Hinterfenster stieg, sprach er zu seinem Gebieter: „Satan, dies hier werde ich für dich tun, als dein untertäniger Diener.“ Dann erschoss er Bill Doi, fesselte dessen Frau Lillian mit Handschellen und sammelte alle Wertsachen ein, die er finden konnte.

Er war nicht mehr aufzuhalten. Die 81-jährige Florence Lang schlug er mit einem Hammer nieder, vergewaltigte sie und malte ihr mit Lippenstift ein Pentagramm auf den Oberschenkel. Auch Langs 83-jähriger Schwester zertrümmerte er mit dem Hammer den Kopf. Sie starb an ihren Verletzungen.

Die 63-jährige Sophie Dickman vergewaltigte er und zwang sie, einen Schwur auf Satan abzulegen. Es sollte ihr das Leben retten.

Somkid Khovananth vergewaltigte er mehrfach, nachdem er ihren Mann umgebracht hatte, und ließ sie anschließend einen Schwur auf Satan ablegen. Auch ihr rettete das Bekenntnis das Leben.

Ramírez wurde zum Albtraum aller Bewohner von Los Angeles. Aus der Brust eines seiner Vergewaltigungsopfer trank er Muttermilch. Niemand war mehr vor ihm sicher. Ein junges Mädchen griff er mit einem Wagenheber in ihrem Kinderzimmer an, während ihre Eltern nebenan schliefen. Als er sie mit einem Telefonkabel erwürgen wollte, sah er Funken aus dem Draht sprühen. Er zog die Schlinge weiter zu. Als das Mädchen weiter atmete, glaubte er, Jesus sei ihr zu Hilfe gekommen, und flüchtete.

Ein anderes Opfer prügelte und trat er zu Tode, er hinterließ auf dem Gesicht seinen Schuhabdruck. Als er sich bewusst wurde, dass die Polizei ihm auf der Spur war, beschloss er, sie mit besonderer Brutalität herauszufordern: Er kaufte sich eine Machete und zerstückelte damit die nächsten Opfer. Nach einem Mord im nördlich gelegenen San Francisco signierte er die Tat, indem er mit Lippenstift sein Markenzeichen auf den Badezimmerspiegel schmierte: ein Pentagramm.

Hauswand, L. A., 1981, Punk und Tod

Aus den Schilderungen von Zeugen und Überlebenden setzte sich schon bald ein Bild des grausamen Phantoms zusammen: lange Haare, ganz in Schwarz, attraktiv, aber schlechte Zähne, ledriger Geruch, dämonischer Blick. All seine Taten wiesen ein ähnliches Muster auf: Er stieg durch offene Hinterfenster oder Terrassentüren ein und verschaffte sich zuerst Orientierung. Fand er einen Mann, ermordete er ihn sofort. Fand er eine Frau, fesselte er sie, riss die Telefonkabel aus der Wand, sammelte Wertgegenstände in einem Kissenbezug, vergewaltigte die Frau und fragte sie nach verstecktem Schmuck und Geld. Den höchsten Genuss bewahrte er sich für den Schluss auf. Dann entschied er, was er mit der Frau machte. Hatte sie Widerstand geleistet, brachte er sie um. War sie gefügig gewesen, ließ er sie leben. Vielleicht. Nicht sicher. Er war allmächtig, Herr über Leben und Tod.

Ramírez wurde einer der ersten Serienkiller mit eigenem Markennamen. Erst nannte man ihn den „Walk-in Killer“, dann den „Valley Intruder“. Doch bald schon war er in den Medien nur noch der „Night Stalker“. Er genoss seinen Ruhm.

Ramírez sollte die Stadt für immer verändern. Los Angeles rüstete auf. Man schloss sich ein. Kaufte Hunde, Waffen, Alarmanlagen. Ermittelnde Polizisten schliefen nur noch mit Dienstwaffe am Bett. Es herrschte die pure Hysterie: Manch einer strich sein Haus um, nur, damit es nicht mehr gelb oder beige war. Schließlich hatte man festgestellt, dass ⟶

Ein Schlafzimmer in Monrovia, Kalifornien, 1985. Hier hat Ramírez Florence Lang und ihre Schwester Mabel Bell überfallen

Ein Gerichtssaal, L.A., 1985, der Angeklagte zeigt dem gebannten Publikum die Teufelskralle

der Night Stalker meist in solche Häuser einbrach. Niemand würde je in dieser Stadt wieder eine Terrassentür offen stehen lassen.

Das entscheidende Puzzleteil in den Ermittlungen lieferte ein 13-jähriger Junge. Während er sein Moped reparierte, fiel ihm ein Auto auf, in dem „ein verrückt aussehender Typ ganz in Schwarz" saß. Es gelang ihm, sich einen Teil des Kennzeichens zu notieren. Als seine Familie von einem Mord in der Nachbarschaft hörte, informierte sie die Polizei. Der Junge hatte den Wagen des Night Stalkers gesehen.

Als man das gestohlene Auto fand, entdeckte man auf dem Rückspiegel Fingerabdrücke. Kurz darauf veröffentlichte die Polizei Bilder von Gegenständen, die Ramírez bei einem seiner Überfälle gestohlen hatte. Bald schon meldete sich eine Frau. Sie habe einige der gezeigten Dinge von einem Bekannten zur Aufbewahrung entgegengenommen. Er heiße Richard Ramírez, stamme aus El Paso und sei ein professioneller Dieb.

Ein neuer Supercomputer der Polizei glich die Daten aller Personen dieses Namens mit den Fingerabdrücken vom Rückspiegel ab. So stieß man schließlich auf die Polizeiakte des Night Stalkers: Ricardo „Richard" Leyva Muñoz Ramírez, geboren am 29. Februar 1960 in El Paso, Texas. In der Akte fand sich ein Foto, das bei seiner Festnahme aufgrund seines Autodiebstahls angefertigt worden war. Nun hatte man Identität und Bild des Täters.

Am 30. August 1985 war Ramírez auf den Titelseiten aller Zeitungen. Panisch versuchte er zu fliehen. Immer wieder wurde er erkannt. Nachmittags jagten ihn die Bewohner eines Viertels von mexikanischen Einwanderern. Migranten wie er. Sie stellten ihn, schlugen ihn zusammen und lieferten ihn der Polizei aus. Abends feierten sie ein Straßenfest. Sie hatten Los Angeles vom Night Stalker befreit.

Richard Ramírez wurde wegen 14 Morden, fünf versuchten Morden und sechs Vergewaltigungen angeklagt. Sein Verfahren war eines der aufwendigsten in Amerika. Er genoss es, in der Öffentlichkeit zu stehen. Der Gerichtssaal wurde seine Bühne. Er tänzelte zu seinem Platz. Spielte mit seiner schwarzen Sonnenbrille. Drehte sich ins Publikum und warf seinen Groupies ein Lächeln zu. Ein charmanter Serienmörder. Einmal hob er seine linke Hand und zeigte das Pentagramm, das er auf die Innenfläche gezeichnet hatte. Die Finger abgeknickt zur Teufelsklaue.

1989 wurde er zum Tod in der Gaskammer verurteilt. Man brachte ihn in den Todestrakt von San Quentin in der Bucht von San Francisco. Dort las er viel. Wurde philosophisch mit der Zeit. In einer Unterhaltung sagte er: „Wir sind alle böse. In einer Form oder der anderen. Ist es nicht so?"

Zusammen mit seinen Anwälten schöpfte Ramírez alle Möglichkeiten des amerikanischen Rechtssystems aus. Er gewann Zeit. Und nochmals Zeit. Und wieder Zeit. So gingen die Jahre dahin. Er hatte zahllose Bewunderer. Satanisten besuchten ihn. Frauen schrieben ihm Liebesbriefe. Sogar eine Geschworene, die ihn im Prozess für schuldig befunden hatte, erlag seinem Charme. Er bat seine Groupies, ihm erotische Fotos zu schicken. Oft bekam er, was er verlangte. Immer noch dominierte er. Auch durch die Mauern und die Gitterstäbe der Todeszelle hindurch.

1996 heiratete er eine Journalistin. Sie selbst kaufte sich zur Hochzeit einen goldenen Ehering. Ihm schenkte sie einen aus Platin. „Satanisten tragen kein Gold", waren seine Worte gewesen.

Zu seiner Hinrichtung sollte es niemals kommen. Denn immer wieder legte er Berufung ein. Nach 23 Jahren in Death Row starb er schließlich am 7. Juni 2013 an Leukämie. Er wurde 53 Jahre alt.

In den Anfängen der Ermittlungen hatte die Polizei den Night Stalker für einen Vietnam-Veteranen gehalten. Damit hatte sie nicht gänzlich falsch gelegen. Denn Ramírez war aus dem Großstadtdschungel von Los Angeles hervorgebrochen wie sein Cousin Miguel aus dem vietnamesischen Urwald. Für ihn war die ganze Stadt ein Jagdgebiet, in dem der Stärkste sich nahm, was er wollte. Der Night Stalker war den kranken Begierden gefolgt, die ein verstörter Vietnam-Veteran in ihm geweckt hatte. In jenem tropenheißen Jahrhundertsommer 1985 schien mit einem einzigen Mann all die Gewalt hervorbrechen zu wollen, die Amerika nach dem Vietnamkrieg verdrängt hatte.

Krieg ist niemals vorbei.
Er ist ein Bumerang.
Er kommt immer wieder zurück.

●

Foto: AP/Picture-Alliance

EIN MAGENTA TV ORIGINAL
SPY CITY
VERTRAUTE FEINDE
IN EINER
GETEILTEN STADT
ALLE FOLGEN
JETZT NUR BEI
MAGENTA
TV

// asservat

HOLZAMEISEN

Dass jemand die Pastorsfrau erschlug, ist kaum zu glauben. Wer der Täter sein soll, noch weniger. Doch ein paar Tierchen überführen ihn

Die sichergestellten Insekten, fotografiert unter dem Mikroskop

Vor ihrem Tod kauft Veronika G. Pralinen. Dann macht sie ein paar Urlaubsbesorgungen. Mit ihrem Mann Klaus will sie in den USA Verwandte besuchen. In drei Tagen soll es losgehen. Es ist Freitag, der 25. Juli 1997, Veronika G. wird nicht in den Flieger steigen.

Die G.s sind ein protestantisches Vorzeigepaar. Sie sind seit 29 Jahren verheiratet und leben auf einem alten Rittergut in Beienrode, einer 600-Seelen-Gemeinde im Südosten Niedersachsens. Zum Gut gehören eine Kapelle, ein Pfarrhaus und das Seniorenheim „Haus der helfenden Hände". Klaus G., 56, ist bundesweit bekannt für sein Engagement in der Friedensbewegung und in der Gemeinde beliebt, dank seiner Predigten und Hauskonzerte. Seine 53-jährige Frau stammt aus einer einflussreichen Theologenfamilie, die ihr auch das Rittergut vererbt hat. Sie ist ehrenamtliche Bürgermeisterin und gemeinsam mit ihrem Mann Leiterin des Seniorenheims. Man kann sagen: Veronika und Klaus G. sind die größten Stützen der Gemeinde. Fehlt eine, gerät vieles ins Wanken.

Nur wenige Stunden nachdem Veronika G. die Flugtickets abgeholt hat, meldet ihr Mann sie als vermisst. Sie seien verabredet gewesen, doch seine Frau sei nicht erschienen. Er glaube an ein Verbrechen, denn Veronika sei sehr zuverlässig. Die Polizisten sagen, er solle erst mal abwarten. Doch schon am nächsten Morgen storniert G. die Tickets und verteilt Handzettel mit einem Suchaufruf.

Als Erstes wird der rote VW Passat der G.s gefunden, am Braunschweiger Hauptbahnhof. Am folgenden Tag entdeckt ein Jäger in einem Waldstück eine Leiche. Sie liegt auf dem Rücken, trägt Jeans und Bluse und am Handgelenk eine Uhr. Die Tote ist Veronika G. Der Kopf: zertrümmert. Die Polizei verhaftet: ihren Ehemann.

Das Dörfchen Beienrode ist erschüttert. Das Volksfest wird abgesagt, bei einem Fußballspiel weht die Vereinsflagge auf halbmast, der Kirchenvorstand schreibt im Gemeindebrief: „Alle, die Pastor Klaus G. wirklich kennen, wissen, dass es völlig absurd und unmöglich ist, was ihm da in die Schuhe geschoben wird."

Der Kirchenvorstand weiß nicht, was die Ermittler wissen. Die Polizisten haben auf einem Feldweg nahe dem Fundort Blutspritzer gefunden. Sie haben ein Paar Gummistiefel mit auffälligen Spuren entdeckt und ein Brecheisen, das als Tatwaffe infrage kommt. Das Brecheisen lag im Kofferraum des Passats, die Gummistiefel im Golf des Mannes. Eine Hausangestellte hat ausgesagt, dass die 19-jährige Tochter des Pastors ihr verstört von einem Gast berichtet habe: In der Nacht nach dem Verschwinden der Mutter habe im Ehebett eine Fremde geschlafen. Als die Polizisten G. darauf ansprachen, leugnete er den Besuch nicht. Er sagte: „Ich brauchte Nähe."

Die Fremde stellte sich als 41-jährige Pastorin aus Hamburg heraus und die Beziehung der G.s als eher unprotestantisch. Seine Frau und er seien großzügig mit außerehelichen Kontakten umgegangen, sagte der Pastor. Seine Affäre wiederum erzählte, dass sie in jener Nacht von einem Geräusch aufgeschreckt sei. Sie habe geglaubt, Veronika sei zurück. Doch Klaus habe gesagt: „Schön wär's. Das ist die Zeitung." Und sei entspannt im Bett liegen geblieben.

Diese Indizien haben für einen Haftbefehl ausgereicht, doch sie würden wohl kaum für eine Verurteilung genügen. Während der Pastor in der U-Haft aufmunternde Grüße aus seiner Kirchengemeinde in einem Ordner abheftet, suchen die Ermittler Beweise.

Da wäre der Obduktionsbefund. Veronika G. starb an einem Schädel-Hirn-Trauma. Ein Spezialist bildet das Brecheisen und die Kopfverletzungen dreidimensional am Computer nach: Die Spitze des Eisens passt genau in die Einschlagskerbe. Doch am Werkzeug befanden sich keine Gewebespuren des Opfers. Und ein Gerichtsmediziner kommt zum Schluss, dass erst die

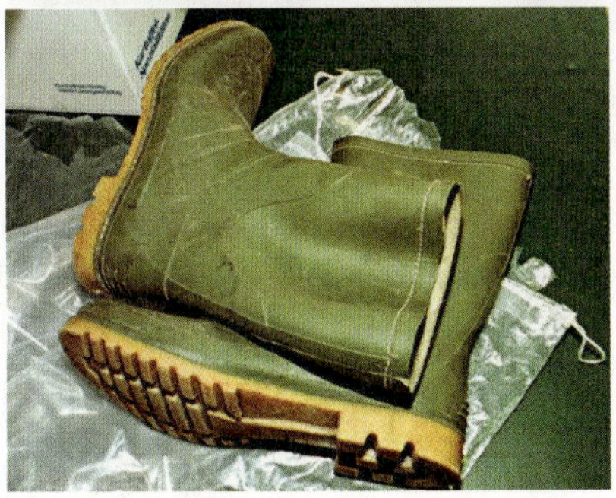

Veronika G. und ihr Mann waren nicht nur in ihrer Gemeinde sehr beliebt. Klaus G.s Gummistiefel wurden als Beweismittel konfisziert

Schläge ins Gesicht tödlich waren. Sie wurden mit einer flächigen Waffe vollzogen. Aber mit welcher?

Da wären auch die Gummistiefel, Größe 44. Der Pastor sagt, es seien seine, aber er habe sie nur einmal getragen, im Park des Guts. Doch im Profil kann feuchte Erde gesichert werden. Sie stammt laut einem Gutachten höchstwahrscheinlich vom Leichenfundort.

Klaus G. sagt, er sei seit Jahren nicht mehr in dem Waldstück gewesen. Doch dann taucht eine Zeugin auf, die ihn dort einige Wochen vor der Tat gesehen hat, beim Spaziergang mit seiner Frau. Nun fällt dem Pastor ein, dass Veronika häufiger seine Gummistiefel getragen habe. So sei die Erde wohl an die Schuhe gekommen. Nur: Veronika G. hatte Schuhgröße 37. Der Pastor widerspricht und revidiert sich. Doch das beweist nicht seine Schuld. Ein Zeuge will ihn am Tattag im Waldstück gesehen haben. Doch ganz sicher ist er sich nicht.

Die Beweisstücke, die den Ermittlern den Durchbruch bringen, sind mikroskopisch klein: Ameisen. Die Tiere wurden am Absatz der Gummistiefel gesichert. Auch an der Bluse des Opfers hat man Exemplare gefunden. Der Insektenforscher Bernhard Seifert vom Görlitzer Senckenberg-Museum wird beauftragt. An Gründonnerstag bringt ihm ein Kurier zwei Filmdöschen mit Ameisen, eine vom Stiefel und eine von der Bluse. Unter 350-facher Vergrößerung vergleicht er sie. Der breite Kopf, die Körperproportionen, das schimmernde Schwarz, kein Zweifel: „Glänzendschwarze Holzameisen".

Diese Gattung ist nicht weit verbreitet. Die Wahrscheinlichkeit, dass man nach einem Spaziergang ein Exemplar an der Sohle kleben hat, schätzt der Biologe auf lediglich 1:400. Polizisten bringen Seifert zum Leichenfundort. Tausende Tierchen krabbeln über den Boden. In einem Geäst findet Seifert ein Nest. Eine Kolonie der „Glänzendschwarzen Holzameise" hat es gebaut.

Den folgenden Prozess vor dem Landgericht Braunschweig beobachten nicht nur die Gläubigen aus Beienrode aufmerksam. Im April 1998 wird Klaus G. nicht zuletzt aufgrund der „Holzameisenspur" zu acht Jahren Haft wegen Totschlags verurteilt. Der Pastor habe seine Frau auf dem Feldweg mit dem Brecheisen angegriffen, sie dann zum Waldstück gebracht und dort immer wieder auf ihr Gesicht eingeprügelt, sagen die Richter. Das vermutliche Motiv: ein „Beziehungskonflikt". G. beteuert seine Unschuld. Fünf Jahre und vier Monate später wird er schwerkrank auf Bewährung entlassen. 2003 stirbt er an Krebs. Die meisten Gemeindemitglieder haben sich von ihm abgewandt. Nach dem Urteil klagte eine Frau einer Zeitung: „Unser Dorf ist tot." ●

Chantale Rau

DER MANN KOMMT NACHTS. ER WEISS, WIE MAN LOCKT. WIE MAN

Im Fell blieb eine Narbe. Daireen hatte wahrscheinlich nicht gescheut. Sie dürfte dem Unbekannten vertraut haben, der auf ihre Koppel getreten war

EIN

BERUHIGT. WIE MAN QUALEN BEREITET. WARUM TUT ER ES? WARUM WÄHLT ER DIESES OPFER?

TIER

VON
CHANTALE RAU

FOTOS
MARIO WEZEL

IM MORGENGRAUEN TRITT DIE FRAU AUF DIE WEIDE. Im Gras sieht sie das Pferd liegen. Erst glaubt sie, es schlafe. Doch es atmet nicht. Weite Stichwunden klaffen auf dem schweren Körper. Das Pferd, das auf ihrem Hof seinen Lebensabend verbringen sollte, ist tot. Knapp 50 Mal durchbohrte etwas den alten Wallach, er hat Verletzungen in Herz und Lunge. Ihr Mann, ein pensionierter Kapitän, sagt später, das Tier habe ausgesehen, als wäre es durch Maschinengewehrsalven gelaufen. Es sei ihm schwer erklärlich, wie ein Mensch so etwas tun kann: „Dieser hier, der will Blut sehen."

Niemand hat den Täter gesehen, niemand etwas gehört. Nur wenige Hundert Meter weiter feierten die Bewohner von Bienenbüttel ein Feuerwehrfest. Das Dörfchen liegt eingebettet in Wiesen und Feldern. Die Ilmenau schlängelt sich durch die Gemeinde. Im Sommer gleiten Kanus über das Wasser, Pferde traben durchs Gras.

Nicht nur der Wallach starb in dieser Juninacht 1993. Auf einem benachbarten Anwesen züchtet ein Zahnarzt mit seiner Frau Hannoveraner. Hufegetrappel weckte das Paar. Die beiden glaubten, die Pferde seien ausgebrochen. Im Stall fanden sie fünf ihrer Tiere blutend im Stroh liegen. Darunter eine Stute und ihr Fohlen. Sie rannten nach draußen, leuchteten mit einer Taschenlampe durch die Dunkelheit. Dort lag ein weiteres Pferd. Es starb vor ihren Augen. Irgendwer hatte es offenbar hinausgeführt. Dann hatte er ihm ins Herz gestochen.

Es ist das vierte Mal innerhalb von vier Wochen, dass jemand in der Region Pferde ersticht.

Am nächsten Tag macht sich Helmut Montag auf die Fahrt nach Bienenbüttel. Montag ist ein pragmatischer Mensch. Er denkt in Landkreisen und Zuständigkeitsbereichen. Im Jahr 1993 ist er 36 Jahre alt und Kriminaloberkommissar in der Polizeiinspektion Uelzen. Der niedersächsische Landkreis misst von Süden bis Norden 49 Kilometer. Das ist Montags Revier. Es grenzt an die Kreise Lüchow-Dannenberg, Salzwedel und Gifhorn. Auch dort hatte man getötete Pferde zu vermelden. Montag hat davon gehört. Er fand es befremdend, aber es hat ihn nicht sonderlich erschüttert. Montag ist Jäger. Er hat viele tote Tiere gesehen. Als Polizist ermittelt er, wenn Brände gelegt, Frauen vergewaltigt oder Menschen umgebracht wurden. Wegen eines ermordeten Pferdes ist er noch nie ausgerückt. Aber nun ist der Unbekannte in Montags Landkreis eingedrungen.

Montag schreitet durch das Gras der Weide. Die Spurensicherung schießt Fotos, sucht nach Reifenabdrücken und Zigarettenstummeln. Montag begutachtet die geschundenen Körper auf der Koppel. Er wundert sich. Ein Pferd rennt doch weg, wenn es angegriffen wird. Er fragt sich: Womit hat der Täter so schnell, so tief und so oft zugestochen? Mit einem langen Messer? Einem Dolch? Ein Tierarzt untersucht die Einstiche. Sie verlaufen von der Seite hinterm Schulterblatt direkt Richtung Herz. Montag notiert als mögliche Tatwaffe: „Stichwerkzeug".

Er fährt zum zweiten Tatort, dem Hof des Zahnarztes. Dessen Frau fragt ihn: „Wer tut so etwas? Und warum?"

Wenn Montag heute auf seine Laufbahn zurückblickt, kommt ihm dieser Fall als einer der ersten in den Sinn. Er sagt: „In einem Polizistenleben macht man so was nur einmal mit." Er hat gefährlichere Täter jagen müssen als einen Tierquäler. Aber nie waren die Aufmerksamkeit und der Druck so groß.

Montag fragt sich noch immer, woran das lag. Vielleicht daran, dass viele Töchter einflussreicher Leute Pferde besitzen oder reiten gehen. Vielleicht auch daran, dass wohlhabende Städter in ihrer Freizeit gern züchten und dass Hengste und

Stuten auf Auktionen viel Geld bringen können. Das wären die pragmatischen Erklärungen. Aber diese Tiere scheinen auch irgendetwas an sich zu haben, was es viele Menschen als besonders monströs empfinden lässt, wenn eines angegriffen wird. Und sie scheinen zugleich etwas an sich zu haben, was andere Menschen enormen Aufwand betreiben lässt, um ihnen Leid zuzufügen, sie zu töten.

„Keiner von uns hat sich am Anfang Gedanken gemacht, dass dieses Phänomen nicht nur uns hier betrifft", sagt Montag. Es ist so weit verbreitet, dass die Presse einen Begriff dafür erfunden hat: „Pferderipping" – in Anlehnung an den Londoner Serienmörder „Jack the Ripper".

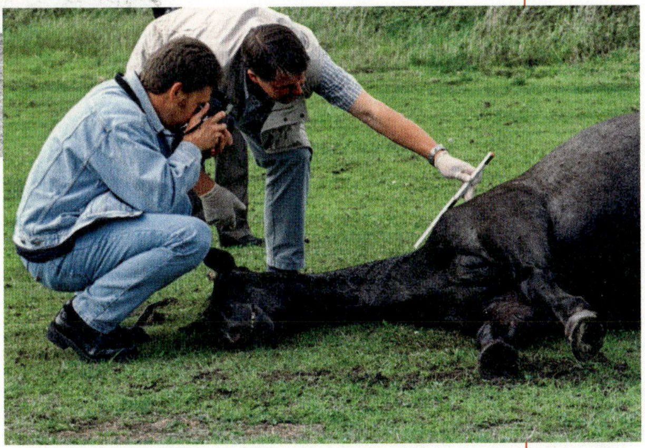

Kein Friede auf den Weiden. In der Nähe von Hannover wurde dieser Wallach erstochen. In derselben Nacht wurden noch drei weitere Pferde angegriffen

IN JENEM FRÜHJAHR 1993 STERBEN INNERHALB EINES MONATS mehr als zehn Pferde in einem Radius von 50 Kilometern. Im Mai sticht der Unbekannte im Landkreis Gifhorn einer Stute in Hals und Flanken. Zwei Wochen später schlitzt er sechs wertvollen Zuchtpferden im Wendland die Bauchdecke auf, die Gedärme quellen heraus. Eine Nacht vor der Tat in Bienenbüttel sticht er auf einer Weide in Sachsen-Anhalt auf eine Stute ein. Acht Mal.

In Uelzen reagiert man schnell auf diesen Täter, der in den Zeitungen bald „Norddeutscher Pferderipper" genannt wird. Eine Sonderkommission wird eingerichtet. Der *stern* schreibt: „Zum ersten Mal in der deutschen Geschichte ist die Kriminalpolizei hinter einem Tierquäler her." Dem Unbekannten drohen laut Gesetz für die Tötung eines Wirbeltiers „ohne vernünftigen Grund" bis zu zwei Jahre Freiheitsentzug, erst 2006 wird das Strafmaß auf drei Jahre erhöht. Helmut Montag wird bald von seinem Chef zum Leiter auserkoren. Er hat noch nie eine Soko geführt. Aber als Jäger kennt er sich mit Tieren aus.

Wenn Montag von nun an sagt: Wir brauchen ein eigenes Faxgerät, bekommt er eines. Wenn er sagt: Wir brauchen mehr Fahrzeuge, bekommt er sie. Ein Kollege aus Sachsen-Anhalt stößt zum Team. Ein Novum so kurz nach der Wende. Der Beamte fährt mit einem Wartburg in Uelzen vor. Montag und seine Leute bekommen eine Sondergenehmigung, sie dürfen über Bundeslandgrenzen hinweg ermitteln.

Ständig klingelt das Telefon. Besorgte Züchter wollen wissen, wie sie ihre Tiere schützen können. Spaziergänger melden Fremde, die sie in Weidennähe gesichtet haben. Journalisten fragen nach Interviews. Innerhalb weniger Tage loben Privatpersonen insgesamt 30 000 D-Mark als Belohnung aus. Der Soko-Chef führt ein bundesweites Melderegister ein. Wenn von nun an in Deutschland ein Pferd durch die Hand eines „Rippers" stirbt, erfährt er davon. Innerhalb von sechs Jahren werden fast 1000 verletzte oder getötete Pferde gemeldet. ⟶

KOMMISSAR MONTAG IST JÄGER. ER WEISS, WIE TIERE AUF MENSCHEN REAGIEREN

Die Uelzener werden überrollt. Viele der Fälle betreffen Stuten, die Täter hatten ein sexuelles Motiv, manchmal wurden die Tiere mit Heugabeln am Geschlecht malträtiert. Das passt nicht zu dem Unbekannten, den Montag „unseren Täter“ nennt. An den Pferden, die ihm zum Opfer fielen, hafteten keine Spermaspuren. Ihm scheint egal, ob Stute oder Hengst, ob Fohlen oder Gnadentier, ob Pony oder Edelpferd. Er scheint sie einfach nur sterben sehen zu wollen.

Der Mann verschafft sich diesen Anblick auch in den folgenden Monaten immer wieder. Und jedes Mal steht Montag danach in der gefliesten Halle der Tiermedizinischen Hochschule in Hannover oder einer Tierkörperbeseitigungsanstalt. Montag kann kaum atmen. Ammoniakgeruch hängt in der Luft. Neben ihm stapeln sich Dutzende toter Kühe und Schweine. Man wird Seife und Tierfutter aus ihnen herstellen. Die ermordeten Pferde werden mit einem Flaschenzug in die Höhe gezogen. Ein Amtsveterinär schneidet sie auf. Dann misst er die Tiefe der Einstiche. Mit einem Wasserschlauch wird das Blut weggespült.

Die Wunden der Pferde ähneln sich. Der Täter hat sie erstochen und aufgeschlitzt, meist an Hals, Flanke und Bauch. Er kennt sich aus, versteht ihr Wesen und ihre Anatomie. Pferde vertrauen Menschen. Auch das weiß er. Wenn man sie lockt, trotten sie neugierig zum Gatter. Er weiß, wie man sie beruhigt und wie man ihnen dann ins Herz bohrt. Montag glaubt: Wenn es sehr schnell geht, kann es sein, dass die anderen Tiere den Tod ihres Artgenossen nicht einmal bemerken. Sie fliehen nicht. Und der Mann tötet einfach eines nach dem anderen.

Aber warum tut er es?

Montag spricht mit Psychologen. Eine Theorie geht davon aus, dass „Pferderipper“ unter einer dominanten Mutter oder Partnerin leiden. Sie wollen ihre Machtlosigkeit überwinden und gleichzeitig den Wunsch nach Symbiose realisieren. Darum locken sie diese großen und zugleich weiblich anmutigen Tiere an, bringen sie unter ihre Kontrolle, um sie dann zu vernichten. Ein anderer Ansatz geht von einer besonderen Ähnlichkeit zwischen Mensch und Pferd aus. Auch ein Pferdecharakter kann als scheu oder kontaktfreudig, als dominant oder unterwürfig wahrgenommen werden. Das Tier eignet sich deshalb gut als Projektionsfläche für Fantasien und für Hass. Eine dritte Theorie erklärt „Pferderipping“ schlicht zu einer Sonderform des Vandalismus: Die Tiere sind Objekte, die der Zerstörungsfreude zum Opfer fallen.

„Alles nur Spekulation“, sagt Montag heute. Das Warum habe ihn gar nicht so sehr beschäftigt. Er habe vielmehr eines wissen wollen: Nach wem muss ich suchen?

Er bittet damals eine Psychologin, ein Profil zu erstellen. Sie bestätigt die Annahme, dass die Tiere von ein und derselben Person getötet wurden, höchstwahrscheinlich einem Mann. Der Täter dürfte mittleren Alters, mobil und berufstätig sein. Er tötet meist am Wochenende und legt auch weite Strecken zurück. Vermutlich wohnt er allein, niemand wundert sich, wenn er nachts stundenlang verschwindet. Und er ist kräftig. Manche Tiere hat er umdrehen müssen, um ihnen die Bäuche aufzuschneiden.

Am Freitag, dem 9. Juli 1993, streift der Mann wieder durch die Nacht. Er hat einen Ort nahe einer Bundesstraße gewählt, eine Koppel in Mecklenburg-Vorpommern. Wahrscheinlich, so wird es die Polizei später rekonstruieren, hat er sein Auto in einem Wald geparkt. Er holt vier Edelstahlstangen hervor und dreht sie am Schraubgewinde zusammen. An dem einen Ende befindet sich ein Griff wie bei einem Spaten, am anderen eine Spitze, handgefertigt aus einem scharfen Metallsägeblatt. Auf der Weide steht eine Haflingerstute. Im Schein des abnehmenden Mondes sind ihre weiße Mähne und das hellbraune Fell gut zu sehen. Er holt aus und sticht auf das Tier ein, wieder und wieder. Doch das Pferd erstarrt nicht vor Schock. Als es flieht, fällt die Waffe aus dem sterbenden Körper in ein Brennnesselgestrüpp. Vielleicht sucht er, der sonst so sorgfältig ist, noch verzweifelt danach. Doch er findet sie nicht.

AM NÄCHSTEN MORGEN HÄLT HELMUT MONTAG DIE WAFFE IN DEN HÄNDEN. Endlich weiß er, wie der Mann derart tief zustoßen konnte. Er hat sich eine Lanze gebaut. Montag ist wie elektrisiert. Der Täter hat einen ersten Fehler gemacht.

Montag sitzt nun an Wochenenden mit Nachtsichtgerät im Streifenwagen. Die Soko hat die Tatorte und -zeiten analysiert: Der Unbekannte sucht sich meist von Wäldern umgebene Koppeln aus, nah einer Landstraße oder einer Autobahn. Am liebsten kurz vor oder nach Vollmond, wenn das magere Licht die Wiesen erhellt. Wahrscheinlich kundschaftet er die Gegend vorher aus, vielleicht plant er den Ablauf minutiös. Gelegentlich bricht er auch in Ställe ein, führt die Pferde aus den Boxen, bindet sie am Zaun an und sticht eines nach dem anderen tot. Es ist, als ob er die anderen dabei zuschauen lassen wolle.

Montag hat auch die Jäger informiert. Wer in der Dunkelheit durch die Wälder streift, soll kontrolliert und gemeldet werden. Doch meist werden nur besorgte Pferdebesitzer gesichtet, die patrouillieren. Immer mal wieder begegnen sich von Reitvereinen organisierte Wachen und Polizisten auf ihren Rundgängen.

Eines Nachts in Lüchow-Dannenberg. Jugendliche treffen sich in einer Reithalle. Sie wollen die Tiere bewachen. Die Zeit verstreicht. Sie albern herum. Es wird laut. Die Jugendlichen hören nicht, wie sich ein Auto mit ausgeschalteten Scheinwerfern nähert. Sie sehen nicht, wie jemand aus- ⟶

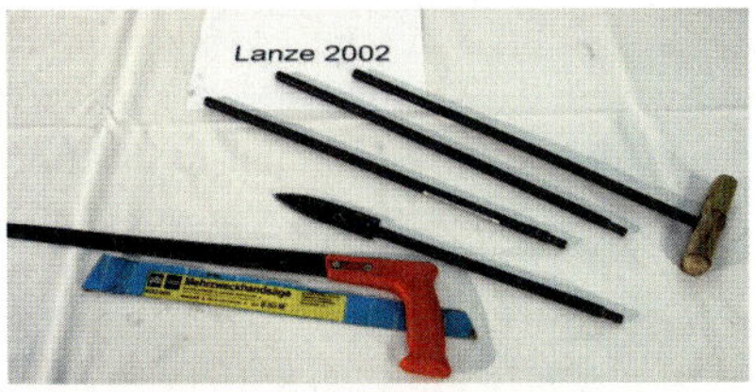

Es dauerte lange, bis Montag die Tatwaffe kannte. Eine verschraubbare Lanze, hingebungsvoll gebaut

Foto: Jochen Luebke/ddp images

steigt und ein paar Schritte Richtung Stall geht. Erst als der Motor wieder anspringt, halten sie inne. Sie laufen hinaus. Sie blicken in die Finsternis, die das davonrasende Auto verschluckt. Die Meldung landet auf Helmut Montags Schreibtisch. Kein Fahrzeugmodell, kein Kennzeichen, keine Täterbeschreibung. Nichts. Immerhin auch kein totes Pferd. Der Unbekannte muss den Lärm gehört haben. Vielleicht hat ihn das erschreckt. Es gibt keinen Beweis, dass es der „Ripper" war. Aber Montag schließt es auch nicht aus.

Das Telefon bleibt nicht still. Menschen melden Züchter, die ihnen unsympathisch sind und ihnen deshalb verdächtig erscheinen, sie melden komische Käuze und Landstreicher. Bauern notieren sich die Kennzeichen von verdächtigen Autos, die nachts über Feldwege holpern. Manchmal sucht Montag die Adresse zu den Kennzeichen heraus und besucht die Besitzer. Aber er kommt seinem Täter nicht näher.

Das Töten geht weiter. Monat für Monat. Jahr für Jahr. Wahrenholz. Wernstedt. Reinstorf. Soltau. Brunow. Raben-Steinfeld. Innerhalb von vier Jahren werden 43 Tiere erstochen – und das nur in Niedersachsen. Helmut Montag ist ratlos. Manchmal veranstaltet er Informationsabende. Er hört Pferdebesitzer wütend sagen: „Wenn wir ihn zuerst finden, bekommt ihr den nicht in einem Stück." Es ist einer der beiden Gedanken, die dem Kommissar besonders große Sorgen bereiten: Was, wenn die Pferdebesitzer den „Ripper" vor ihm kriegen – oder jemanden, den sie irrtümlich dafür halten?

Montags bislang einzige Spur: die Lanze. Er hält sie immer wieder in den Händen und betrachtet sie. Sie besteht aus Edelstahlresten mit unterschiedlichem Durchmesser, zusammengesetzt ist sie 170 Zentimeter lang. Akribisch hat der Täter die Gewinde gefräst, damit die Waffe sich zerlegen und unter einer Jacke verstecken lässt. Er hat einen Handgriff angeschraubt. So kann er besser zustoßen.

Auf der Lanze fanden sich keine Fingerabdrücke, keine DNA-Spuren. Aber das Material ist interessant. Ein spezieller Typus VA-Stahl. Ein Küchenmöbelhersteller aus Freital bei Dresden verwendet ihn. Teile der Lanze stammen aus dessen Metallschrott. Dort hat nur ein überschaubarer Kreis an Menschen Zugriff.

Montag sagt zu seinen Kollegen: „Jetzt kriegen wir ihn."

Er fürchtet, dass die Zeit davonläuft. Der „Ripper" scheint dazuzulernen, so, wie man es von Serienmördern kennt. Mit jedem toten Pferd sind die Stiche weniger geworden, dafür gezielter: Meistens bohrt der Täter den Tieren die Sägeblattspitze direkt ins Herz, dann schlitzt er die Bauchdecke auf. Er hat eine eigene Handschrift entwickelt und sie perfektioniert. Er hat auch die Frequenz seiner Taten erhöht. Und das führt zum zweiten Gedanken, der Montag große Sorgen be-

Noch heute hängt ein Gemälde seines preisgekrönten Hengstes „His Highness" im Haus von Kurt Struck. Nach dem Überfall schien ein Fluch auf dem Gestüt zu liegen

Foto: LKA Niedersachsen

reitet: Reichen dem Täter eines Tages Pferde nicht mehr aus? Wird er dann Menschen töten?

Der Stahl-Spur kann die Soko bis zu einem Schrotthändler nach Hamburg verfolgen. Dort haben viele Menschen Zugriff auf die Teile. Die einzige Fährte verliert sich.

Montag spürt noch heute, Jahrzehnte später, dieses Gefühl der Unzufriedenheit. Wenn er in der Zeitung eine Meldung über ein getötetes Pferd liest, fragt er sich: War er das? Wenn er auf der Jagd durch die Wälder streift und sein zusammengekniffener Blick durch das Fernglas einen Wanderer trifft, fragt er sich manchmal: Ist er das? Und mittlerweile fragt er sich auch: Gibt es überhaupt „diesen einen"? Lagen wir vielleicht daneben?

Im Sommer 1996 hat Montag unzählige Interviews hinter sich. Er hat so oft in Kühlräumen vor Kadavern gestanden, dass er den Verwesungsgeruch nie mehr vergessen wird. Er ist so oft vergebens ausgerückt, dass er es kaum mehr mitzählen kann. Einmal hatten Zeugen nachts im Wald zwei Personen in einem verdächtigen Wagen gesichtet und sich das Kennzeichen notiert. Montag fuhr zum Haus des Besitzers. Dessen Ehefrau öffnete. Sie sagte, sie sei in der Nacht allein zu Hause gewesen. Aber ihr Mann gestand, dass er tatsächlich in den Wald gefahren war und die andere Person im Wagen seine Affäre gewesen war. Montag vertiefte die Befragung nicht weiter.

Der Kommissar hat Tausende von Kilometern abgerissen und Nächte und Feiertage geopfert. Es ist mal wieder ein Sonntagmorgen, als die Kollegen anrufen. Der „Ripper" sei nun in Nordrhein-Westfalen gewesen. Bei Gütersloh liege ein Pferd aufgeschlitzt auf der Weide. Montag rückt mit der Spurensicherung an. Er begutachtet das blutende Loch, das in der Brust des Tieres klafft. Als Jäger kennt er derartige Verletzungen von Hirschen, die sich während der Brunft mit ihren Geweihen gegenseitig das Fleisch zerfetzt haben. Er blickt um sich. Auf der Koppel grasen Jungbullen. Sie stehen erst seit Kurzem dort. Mit ihren Hörnern haben sie das Pferd aufgespießt. Montag und seine Leute fahren zurück nach Uelzen. Wieder mit leeren Händen.

Bald darauf schickt er seine Akten nach Hannover. Die Soko „Lanze" wird aufgelöst. Das Landeskriminalamt Niedersachsen übernimmt.

Der Fall wandert eine Etage höher.

PEINE, EIN STÄDTCHEN NAHE HANNOVER. 2003 ist ein großartiges Jahr für Kurt Struck. Seit mehr als zwei Jahrzehnten züchtet der Bankangestellte Pferde. Er kann grimmig wirken. Manchmal wechselt er vom Du zurück zum Sie, wenn ihm jemand nicht passt. Doch wenn er von „His Highness" spricht, wird seine Stimme weich. Seine Stute Daireen hat drei Jahre zuvor den perfekten Hengst geboren: glänzend schwarzes Fell, kräftiger Körperbau, edle Gangart, starker Charakter. Struck taufte den Rappen auf den fürstlichen Namen. „His Highness" wurde bei einer Zuchtkür zum Hengst des Jahres gewählt. Ein Amerikaner kaufte Struck das Jungtier ab. Für 515 000 Euro. Eine Künstlerin hat ein Gemälde des Edelpferds mit Ölfarben gemalt. Struck hat es stolz in sein Wohnzimmer gehängt.

Nun, ein Jahr später, sind auf Strucks Gestüt zwei weitere Fohlen mit schwarzem Fell auf die Welt gekommen. Er hält sie auf einer großen Weide, umgeben von Fichten, Eichen und Buchen. Vor Jahren schlug mal der Blitz ein, und ein Pony starb. Das Mädchen, dem es gehörte, weinte sehr. Es war das Schlimmste, was hier je geschehen ist.

Die beiden Jährlinge können auf der Weide traben, während die Stute Daireen und die anderen in der Herbstsonne dösen. Zwei Pferde der Tierärztin Linda Meier* aus dem Nachbarort grasen daneben, eines wird Hexe genannt. Die hübsche Fuchsstute mit den weißen Beinen hat Preise gewonnen. Bald bekommt sie ein Fohlen. Normalerweise stehen die Tiere nah am Haus der Tierärztin. Doch sie möchte ihnen etwas Gutes tun. Das Feld von Kurt Struck ist schön groß und schattig.

Als das LKA Niedersachsen 1996 Montags Akten übernimmt, werden dem „Norddeutschen Pferderipper" bereits mehr als 40 Taten und noch mehr getötete Tiere zugerechnet, verteilt auf fünf Bundesländer, und nicht selten kam es zu Nachahmungstaten durch andere. Eine Polizeipsychologin erstellt ein Täterprofil. Sie geht davon aus, dass der Mann ein unauffälliges Leben führt und eine enge Beziehung zu Pferden pflegt. Er mag sie, liebt sie vielleicht sogar. Aber er will ⟶

**Name geändert*

töten, was er liebt. Sie schreibt: „Er ist sich seiner Handlungen voll bewusst, denn er arbeitete zielgerichtet an einer bequemen, transportablen Waffe. Beruflich könnte er landwirtschaftlich und metallverarbeitend gebunden sein, z. B. gab es in der DDR den Beruf des Landmaschinenschlossers." Seit 1995 benutzt der „Ripper" manchmal Schusswaffen, ehe er die Tiere aufschlitzt. Man hat Projektile in den Pferdekörpern gefunden. Einige wurden aus einer Tokarew, Kaliber 7.62, abgefeuert – einer Militärpistole, die auch in der Sowjetunion eingesetzt wurde. Der Täter könnte Jäger, Sportschütze oder Waffensammler sein.

Im LKA wird eine neue Ermittlungsgruppe gegründet. Ein Beamter aus dem Bereich der Organisierten Kriminalität leitet die Einheit. Die Polizisten konzentrieren sich auf die logistische Vorgehensweise des „Pferderippers". Sie glauben, dass er die Weiden vorher auskundschaftet und sie nach der Tat blutverschmiert verlässt. Vielleicht wechselt er in seinem Auto die Kleidung. Das könnte jemandem aufgefallen sein. Sie richten eine Internetseite ein. Auch sie bekommen viele Anrufe. Auch bei ihnen führen die Hinweise zu nichts. Und auch sie hören immer wieder die Frage: Wird der „Pferderipper" bald Menschen töten? Doch anders als Montag halten sie es für höchst unwahrscheinlich.

Tierquälerei gilt zwar unter forensischen Psychiatern als Alarmsignal. Studien haben ergeben, dass etliche Serienmörder zu Beginn ihrer kriminellen Entwicklung Tiere malträtierten, bevor sie später Menschen angriffen. Doch wenn jemand nur eine spezielle Tierart misshandelt, scheint diese einen Symbolwert für ihn zu haben. Ihm geht es dann nicht um das generelle Quälen von Lebewesen, ihm geht es um das Quälen von Pferden.

Was die Tiere allerdings dem „Norddeutschen Pferderipper" bedeuten, wissen die Ermittler nicht. Pferde gelten in der Gesellschaft als kraftvoll, intelligent und edel. Vielleicht gibt ihm der Akt des Tötens das Gefühl, sich diese Attribute anzueignen? Vielleicht gibt es einen fundamentalen Mangel in seinem Leben, den er auszugleichen versucht? Den Tod der Mutter oder fehlende Elternliebe? Vielleicht übt er Rache, weil er jemanden durch einen Reitunfall verloren hat?

Immer wieder sind im Lauf der Jahre andere Pferdemörder gefasst worden. Aber ihre Motive waren vielfältig. Eine 13-Jährige schlitzte 1993 in Schleswig-Holstein einem Fohlen den Bauch auf. Die Tat wurde zunächst dem „Norddeutschen Pferderipper" zugeordnet. Die Schülerin schlug auch Schafe mit Eisenstangen und hetzte ein Pony, bis es sich im Stacheldraht schwer verletzte. Bei ihr vermuteten die Gutachter, sie habe verzweifelt Aufmerksamkeit gesucht. Das psychisch gestörte Mädchen war womöglich sexuell missbraucht worden.

1996 klärten Polizeibeamte eine Serie in Baden-Württemberg auf. Ein 41-jähriger Arbeitsloser hatte zwölf Stuten Schnittverletzungen im Genitalbereich zugefügt. Der Alkoholkranke sagte, er habe sich dabei seine geschiedene Ehefrau vorgestellt.

Im selben Jahr verurteilte ein Amtsgericht einen Mann aus Sachsen-Anhalt zu elf Monaten Freiheitsstrafe auf Bewährung und 2000 Mark Geldstrafe. Der 22-jährige Tierpfleger hatte zwei Pferde erstochen. In der Vernehmung sagte er: „Immer hatte sich so etwas angestaut, dann explodierte es." Als Kind sei er geritten, eigentlich liebe er Pferde sehr. Er erzählte von einem Discobesuch und wie er von Mädchen Abfuhren kassierte. Dann habe er einen Blackout gehabt. Mit blutverschmierten Händen sei er auf einer Weide erwacht. Psychiater befanden, der Mann sei nicht in der Lage, Konflikte auszutragen. „Gestörte Persönlichkeit" und „Affektstau mit durchbruchsartiger Entladung" steht im Gutachten.

Aber keiner dieser geklärten Fälle passte zum „Norddeutschen Pferderipper".

Auch das LKA ermittelt über Jahre hinweg ergebnislos. Im August 2002 finden die Beamten an einem Tatort im sächsischen Lomnitz immerhin eine Lanze. Baugleich wie die, die neun Jahre zuvor in Mecklenburg-Vorpommern im Brennnesselgestrüpp lag. Nur das Sägeblatt ist ein anderes. Es trägt den Stempel „WERKÖ". Die Abkürzung steht für „Werkzeugfabrik Königsee", den einzigen Hersteller, der vor der Wende in Ostdeutschland Maschinensägeblätter produzierte. Auch diesmal können keine DNA-Spuren gesichert werden. Der Fund ist dennoch eine Annäherung. Es ist nicht unwahrscheinlich, dass der „Ripper" aus der ehemaligen DDR stammt. Es gibt mittlerweile mehr als hundert getötete Pferde mit denselben Schnittmustern. Die meisten starben entlang der früheren innerdeutschen Grenze.

LANDKREIS PEINE, EHEMALIGES ZONENRANDGEBIET, NIEDERSACHSEN. Im Morgengrauen des 12. Oktober 2003, eines Sonntags, schleicht ein Mann hinter einem Holzzaun entlang. Links wachsen Fichten, Eichen und Buchen. Rechts erstreckt sich eine weite Koppel mit vielen Pferden, ⟶

Luftaufnahme eines Tatorts. Der „Pferderipper" achtete darauf, dass er sich im Schutz von Wäldern nähern konnte

MANCHMAL FRAGT SICH MONTAG, OB SIE VIELLEICHT EINER FALSCHEN FÄHRTE GEFOLGT WAREN

darunter eine trächtige Fuchsstute mit weißen Beinen und zwei Rappen. Vielleicht traben sie neugierig auf ihn zu. Vielleicht muss er sie anlocken.

Als Kurt Struck sich am selben Morgen auf den Weg zur Weide macht, wirft die Herbstsonne ein mildes Licht. Mit dem Fahrrad braucht er nur wenige Minuten. Als er ankommt, wundert er sich. Normalerweise kommen die beiden Jährlinge mit dem schwarzen Fell zum Gatter, um an den Ohren gekrault zu werden. Doch er sieht nur Hexe, die Stute der Tierärztin, apathisch in der Mitte stehen. Da bricht das Tier plötzlich zusammen. Kurt Struck rennt über die Weide und findet seine kleinen Rappen tot nebeneinanderliegend: einer nach links, der andere nach rechts gekippt. Sie schienen friedlich beieinandergestanden zu haben, als sie erstochen wurden. Vielleicht hat der Täter sie vorher beruhigend an den Ohren gekrault.

Dann hat er ihnen die Bäuche aufgeschnitten. Blut klebt am Boden, am Holzzaun und an den Zweigen. Auch das zweite Pferd der Tierärztin ist tot, genauso wie eine weitere Stute aus Strucks Zucht. Der Täter muss sie in die Tränke gelockt und diese dann abgesperrt haben. In der Koppelecke steht Daireen, die Mutter von „His Highness". Sie wirkt verwirrt. Kurt Struck geht auf das Pferd zu und sieht, dass man auch ihr in die Brust gestochen hat. 15 Zentimeter tief. Daireen überlebt. Sie wird nie wieder die alte sein. Im Fell bleibt eine lange Narbe zurück.

Als Linda Meier zur Koppel fährt, ist die Polizei schon da. Meier legt Hexes Kopf in den Schoß. Die Stute atmet noch, doch die Nüstern sind trocken. Sie war nicht so zutraulich wie die jüngeren. Sie muss geflohen sein. Ein befreundeter Tierarzt schläfert Hexe vor Ort ein.

Die Ermittler vom LKA durchkämmen das Gelände. Sie machen Aufnahmen aus der Luft, verteilen Flugblätter, ein Polizeihund nimmt eine Fährte auf, die bald endet. Auf den beiden Hochsitzen im Wald waren in dieser Nacht keine Jäger. Es gibt keine Zeugen.

Kurt Struck erhält eines Tages einen dicken Umschlag aus Dresden: Ein pensionierter Ingenieur hat die Tatorte der vergangenen zehn Jahre mit den Häfen der Kanalschifffahrt abgeglichen. Er glaubt, der Täter arbeite auf einem Schiff. Wenn die Schiffe zum Entladen anlegen, geht der „Ripper" zum Töten auf umliegende Koppeln. Auch in Peine gibt es einen Hafen. Kurt Struck schickt den Bericht an das LKA, doch niemand interessiert sich für die Theorie des Dresdners.

Knapp drei Monate nach der Tat läuft ein Beitrag über den Fall bei „Aktenzeichen XY". Eine Psychologin ist zu Gast. Sie erzählt von Sodomiten, Gewalttätern und Männern, denen es um Macht, Dominanz und Kontrolle geht. Pferdeliebhaber haben die Belohnung auf insgesamt 120 000 Euro erhöht. Im Fernsehen wird mit 12 500 Euro nur ein Bruchteil davon öffentlich ausgelobt. Für Hinweise zum Mord an einer Frau werden in derselben Sendung 5000 Euro ausgesetzt.

Hunderte Menschen rufen an. Spiritisten melden sich, die mit den Pferden im Jenseits kommunizieren wollen. Die Ermittler lehnen ab.

Alle Spuren verlaufen im Nichts. Es ist der letzte Anlauf der Ermittlungsgruppe „Pferd". Wie Helmut Montag müssen auch ihre Mitglieder mit dem Gefühl der Unzufriedenheit auf den Fall zurückblicken.

Er wird ungelöst bleiben.

LINDA MEIER KLINGT NOCH HEUTE SEHR BEKLEMMT, wenn sie von damals erzählt. Hexe sei wie ein Familienmitglied gewesen. Sie hatte es ihren Kindern einigermaßen schonend beigebracht. Aber dann sahen sie ein Foto in der Zeitung, die Leiche ihrer Fuchsstute. Die Tierärztin verkaufte die übrig gebliebenen Pferde.

Auch Kurt Struck hatte es schwer getroffen. Er sagt, es sei gewesen, als hätte seither ein Fluch auf ihm gelastet: Jahrelang erblickte auf seinem Hof kein Rappe mehr das Licht der Welt, und dann starb auch noch „His Highness" bei seinem neuen Besitzer nach einem Unfall.

Strucks Zucht wurde nie wieder so erfolgreich wie damals. Aber er hat noch immer Pferde auf der Weide stehen, die der Mischwald wie ein undurchdringliches Dickicht umsäumt. Wer auf der weiten Koppel steht, erhebt sich wie eine Vogelscheuche aus der Fläche. Kolkraben krächzen verborgen aus den dichten Baumwipfeln. Strucks Pferde verziehen sich in den Schatten der Tränke. Die Zweige hängen darüber.

An der Tränke fand Struck damals seine Stute. Gleich in der Nähe durchstöberte er verzweifelt Müllkörbe nach Beweisstücken. Er rief einen Freund an, der einen Suchhund hatte. Das Tier konnte den Mörder riechen. Es schlug an derselben Route wie der Polizeihund an: von der Tränke am Holzzaun entlang, fast bis hin zum Feldweg.

Dann verlor sich die Spur im hohen Gras.

Es war die letzte Tat des „Norddeutschen Pferderippers". Warum er aufhörte, Tiere zu töten und Angst zu verbreiten, kann niemand sagen. Vielleicht sitzt er wegen anderen Delikten im Gefängnis, vielleicht ist er mittlerweile zu alt und zu schwach, vielleicht ist er erkrankt. Vielleicht ist er tot. Vielleicht. ●

Daireen auf der Weide, auf der es damals geschehen war. Sie hatte den Angriff überlebt

rowohlt
POLARIS
rowohlt.de/lloyd
Traue niemandem.
Schon gar nicht
dir selbst.
Sam Lloyd
DER MÄDCHEN WALD
Thriller
rowohlt
POLARIS
Ein Thriller wie kein anderer:
düster, atmosphärisch, furchteinflößend.

Die eine lebt in der BRD, die andere in der DDR. Sie sind in denselben Mann verliebt. Er ist ein Grenzgänger

[FRAUENGESCHICH

VON **ANDREAS ALBES** FOTOS **NORBERT SCHAAL**

[Diese Lockenwickler wurden in einem Koffer gefunden. Sie hatten einem Zimmermädchen aus Westdeutschland gehört]

TEN]

Sie hatten die Wand aufgerissen, und da stand er, der Koffer. Grauer Stoff mit Reißverschluss. Er war auf diesem staubigen Dachboden versteckt, der seit Jahrzehnten nicht betreten worden war und jetzt saniert werden sollte. Wer immer ihn hier verborgen hatte, wollte nicht, dass er je gefunden wird. Das Haus in der Kennedyallee in Frankfurt am Main gehörte meinen Eltern. Mein Großvater hatte es nach dem Krieg gekauft und an ein Ehepaar verpachtet, das darin eine bürgerliche Herberge betrieb, das Hotel und Restaurant Weidenhof. Ich weiß noch, wie ich als Knirps über den Parkplatz tobte. Niemals hätte ich geahnt, was für ein Geheimnis es verbarg. Ein Geheimnis, das mich nun, Jahrzehnte später, dazu bringen sollte, nach Zeitzeugen von damals zu suchen und in Archiven Unterlagen auszugraben, die man längst vergessen glaubte.

Als die Handwerker den Reißverschluss des Koffers aufzogen, blickten sie auf Damenwäsche, Kleider, Lockenwickler, eine Kulturtasche, Frottee-Trockenshampoo und ein „Hausbuch für die deutsche Familie" mit Rezepten und Zahnpflege-Tipps. Zwischen den Kleidern lagen Ausweisdokumente, Ende der 60er Jahre ausgestellt auf den Namen einer Frau. Unsicher, was sie da vor sich hatten, informierten die Männer die Polizei. Es stellte sich heraus, dass der Koffer ein lang gesuchtes Beweisstück in einem Mordfall war. Er hatte einer jungen Frau gehört. Der Koffer war Teil eines Dramas um Liebe, Intrigen, Eifersucht und Weltpolitik in den eisigsten Zeiten des Kalten Krieges.

Frühjahr 1966 …

Elke Rumpp* kann die Reden ihres Vaters nicht mehr ertragen. Die DDR ist seit fünf Jahren ein Gefängnis hinter Mauern und Stacheldraht, doch er predigt das Heil des Kommunismus. Lehrer ist er, Pionierleiter, Mitglied der Sozialistischen Einheitspartei Deutschlands, ein strammer SEDler. Und streng. Obwohl sie schon 15 ist, muss sie abends um acht ins Bett. Sie leben in Bad Düben bei Leipzig, einem langweiligen Kaff, dessen größtes Ereignis das Kleingartenfest ist. Natürlich, es geht ihnen gut in ihrer modernen Fünfraumwohnung mit gekacheltem Bad. Sie hat eine der begehrten Lehrstellen als Industriekauffrau im Werkzeugmaschinen-Kombinat WEMA. Weil sie – selbstverständlich! – in der Jugendorganisation FDJ ist.

Da erzählt ihre beste Freundin Christel, dass sie bald Besuch aus dem Westen bekommt. Christels große Schwester. Sie will der Familie ihren Mann vorstellen, einen Hoteldirektor aus Frankfurt am Main. Und Elke ist zum Kaffee eingeladen.

**Die Namen der Tatbeteiligten, Opfer und Angehörigen wurden geändert*

[Der Koffer war auf dem Dachboden eines ehemaligen Hotels versteckt gewesen, das den Großeltern unseres Autors gehört hatte]

Als sie ins Wohnzimmer tritt, sitzen schon alle am Tisch. Elke starrt Christels Schwager an wie eine seltene Spezies. Diesen merkwürdigen Typ mit seinem hageren Gesicht und der klobigen Brille. Den meisten entgeht nicht, wie er Elke die ganze Zeit anlächelt. Und dass Elke sein Lächeln irgendwann erwidert. All das wird sich später in den Akten der Staatssicherheit wiederfinden.

Zwei Tage darauf küsst sie ihn zum ersten Mal. Heimlich auf einem Waldweg. Dass Günter Schneider 29 Jahre älter ist, macht ihr nichts aus. Er redet, anders als ihr Vater, nicht über Politik, sondern übers Tanzen, über Mode, Musik, Kino. Über den Westen. Als er im Sommer das nächste Mal zu Besuch ist, sehen sie sich wieder. In einem Hotel in Leipzig. An der Rezeption sagt Schneider, Elke sei seine Tochter aus geschiedener Ehe. Er hat ihr ein schwarzes Chiffon-Kleid mitgebracht, elegant, modern. Sie trinken Wein. Als Elke beschwipst ist, lässt sie Schneider Aktfotos von sich machen. Es gefällt ihm, dass sie mit ihrem kurzen Haar und ihrer schlanken Figur fast wie ein Knabe aussieht.

In den folgenden Monaten kommt Schneider fünf weitere Male nach Leipzig. Sie treffen sich immer in seinem Hotel. Angeblich hat er geschäftlich in der DDR zu tun. Er schenkt ihr ein Kofferradio und ein Tonbandgerät. Und er verspricht ihr, sie eines Tages in den Westen zu holen. Eine Bekannte von ihm sei amerikanische Agentin, die könne falsche Papiere besorgen. Er sagt: „Dann werden wir heiraten."

In Frankfurt am Main liefert sich zu dieser Zeit das Zimmermädchen Maria Kogl einen erbitterten Streit mit ihrem Freund. Er beschuldigt sie, ihn zu betrügen, sogar an seinem Geburtstag soll sie bei ihrem Liebhaber gewesen sein. Maria ist 20, eine Bauerntochter aus Niederbayern, →

Günter Schneider war nicht gerade attraktiv, aber eloquent und weltgewandt. Die Transitstrecke in den Osten kannte er gut

sie spricht derben Dialekt, ist so fleißig, dass alle sagen, sie arbeite wie der Teufel. Und jedem fällt auf, wie sie ihr Kinn immer keck vorreckt. Ihr Freund ist ein ehemaliger Kollege. Sie haben sich in einem Hotel in Garmisch kennengelernt und kamen gemeinsam nach Frankfurt, weil hier besser bezahlt wird. Maria fand eine Stelle im Weidenhof. Die Beziehung war für sie nie die große Liebe. Aber es ging ein Kind daraus hervor, ein Mädchen, das nicht gesund ist und deshalb in einer Pflegefamilie lebt.

In seinem Brass hat der Freund Marias Eltern geschrieben. Von ihrem „ungezügelten" Leben. Und nun, es ist ein Samstag Anfang November, stehen ihr Vater, ihr Bruder und ihre Schwägerin vor ihr. Wie eine Armada sind sie aus ihrem kleinen Dorf bei Landshut gekommen, um sie zu holen. Maria weigert sich. Der Vater zürnt, sie habe Schande über die Familie gebracht. Erst ein uneheliches Kind und jetzt noch eine Affäre. Eine Woche gibt er ihr, dann werde er sie mitnehmen. Das Recht dazu hat er, solange Maria noch nicht 21 und damit volljährig ist.

Tatsächlich hat Maria einen Liebhaber, ihren Chef, Hoteldirektor Günter Schneider. Fast ein Jahr geht das schon. Viel später wird Schneider behaupten, die ersten Annäherungen seien von ihr ausgegangen. Sie habe von seiner Gefängnisstrafe gewusst und gedroht, allen davon zu erzählen, wenn er nicht mit ihr schlafe. Aber Schneider, dieser unattraktive hagere Typ mit dem Habicht-Gesicht, erzählt viele Geschichten. Mit seiner dunklen, wolkigen Stimme. Die Frauen lieben ihn. Maria Kogl liebt ihn.

Er macht ihr einen Vorschlag: Wenn sie den Klauen ihrer Familie entgehen wolle, müsse sie bis zu ihrem Geburtstag im Dezember untertauchen. Ein paar Wochen nur. Und wenn schon untertauchen, warum nicht in Leipzig? In „der Zone" sei sie unerreichbar für den Vater. Schneider erzählt Maria von einer Bekannten, die er aus der DDR in den Westen schmuggeln möchte. Das Mädchen sehe ihr ähnlich. Maria müsse sich nur die Haare abschneiden. Dann würde er sie mit über die Grenze nehmen, sie in Leipzig gegen seine Bekannte austauschen, die Bekannte mit Marias Papieren nach West-Berlin schmuggeln und Maria, sobald sie 21 ist, zurückholen. Er habe Freunde in Leipzig, dort könne sie wohnen, sie werde es gut haben.

Ein verrückter Plan. Doch Maria stimmt zu. Sie geht zum Friseur. Sie beantragt sogar einen neuen Personalausweis mit fremden Passfotos, die ihr Schneider gibt. Der Beamte in der Einwohnerbehörde schöpft keinen Verdacht. So ähnlich sieht ihr das kurzhaarige Mädchen auf den Bildern. Es ist Elke Rumpp.

Was von nun an geschieht, hat so viele Familien ins Unglück gestürzt, dass die noch Lebenden bis heute unter den Folgen leiden. Wie sehr, wurde mir erst bewusst, als ich bei meinen Recherchen begann, Beteiligte von damals zu suchen. Bei der Polizei in Frankfurt am Main und beim LKA Wiesbaden, das federführend ermittelte, sind keine Akten mehr zu dem Fall erhalten. Man teilte mir lediglich mit, alle Dokumente seien nach 30 Jahren vernichtet worden. So sei es Vorschrift. Wenn überhaupt könnten im Hessischen Landesarchiv noch Unterlagen überdauert haben. Doch auch dort: Fehlanzeige. Also begab ich mich auf die Spuren der Familien Rumpp und Kogl. Viele Angehörige waren längst verzogen oder verstorben, Frauen hatten ihre Geburtsnamen abgelegt. Ich stieß auf einen ehemaligen Polizisten, der damals ermittelte, und einen Stadthistoriker aus Bad Düben. Sie halfen dabei, Mitglieder der Familien ausfindig zu machen. Die waren zögerlich bereit,

Fotos: AP/Ullstein Bild

wenigstens einige meiner Fragen zu beantworten. Der Fall hat die Menschen nicht nur unglücklich gemacht. Er hat sie für Jahrzehnte stigmatisiert. Besonders in der DDR, wo Regimetreue verlangt war. Aber auch im Westen, dessen Gesellschaft sich in den 60er Jahren aufrieb zwischen Nazi-Drill und liberalem Aufbruch.

Dass es dennoch möglich war, so viele Details der damaligen Geschehnisse wiederzugeben, ist vor allem der perfiden Bespitzelung der DDR-Staatssicherheit zu verdanken. Was sich in den West-Archiven nicht mehr aufspüren ließ, ist in den Stasi-Archiven in Berlin und Leipzig hinterlegt. Tausende Seiten Vernehmungs- und Ermittlungsprotokolle, darüber hinaus abgefangene Briefe, Mitschriften belauschter Telefonate, Dokumente, in denen die Beteiligten innige Momente schilderten und ihre Gefühle und intimsten Gedanken preisgaben. Außerdem Schriftwechsel zwischen den Behörden und immer wieder Berichte an Erich Mielke, den allmächtigen Minister für Staatssicherheit.

Am Morgen des 8. Dezember 1966 wird an der Autobahnausfahrt Leipzig/Dübener Landstraße eine Frauenleiche gefunden. Ein Mitarbeiter des Baukombinats entdeckt sie, als er ein Verkehrsschild abmontiert. Die Leiche liegt knapp drei Meter neben der Fahrbahn bäuchlings zwischen Büschen, sie trägt ein weiß-grün geblümtes Sommerkleid, das bis zum Schoß nach oben gerutscht ist, und darunter keine Unterwäsche. Die Frau ist jung, ihr Gesicht blau angelaufen, um ihren Hals sind zwei Perlonstrümpfe gewickelt.

Papiere hat die Tote nicht. Allerdings stammt ihr Kleid von einem französischen Hersteller, weshalb die Leipziger Kripo davon ausgeht, dass es sich nicht um eine DDR-Bürgerin handelt. Rätselhaft erscheint, dass die Unbekannte bei Temperaturen um den Gefrierpunkt so leicht angezogen war. Der Gerichtsmediziner stellt fest, dass sie zwei Tage zuvor zwischen 17 und 18 Uhr erdrosselt wurde. Die Totenflecken deuten darauf hin, dass der Ablageort nicht der Tatort war. Weiter notiert er: Der Angriff müsse „überraschend" stattgefunden haben, Spuren auf Gegenwehr oder sexuelle Nötigung, „z. B. Sperma", gebe es nicht; die Frau habe kurz vor ihrem Tod Apfelsinen gegessen, Südfrüchte, die in der DDR schwer zu bekommen waren, außerdem seien in ihrem Blut 0,5 Promille Alkohol festgestellt worden.

Ebenfalls am 8. Dezember, wenige Stunden nach dem Fund der unbekannten Frauenleiche, betritt die Mutter von Elke Rumpp das Volkspolizei-Kreisamt Eilenburg. Übermüdet und den Tränen nahe, wie sich der damalige Vopo-Leutnant Günter Riedl noch erinnert. Frau Rumpp sagt, sie vermisse ihre Tochter seit anderthalb Tagen. Sie habe Elke am 6. Dezember gegen 17 Uhr zu Hause erwartet. Elke arbeite genau wie sie im WEMA-Kombinat. Zuletzt habe sie sie in der Mittagspause des 6. Dezember gesehen. Im Protokoll steht: „Meine Tochter machte keinen komischen Eindruck. Sie war aufgeschlossen und hat mir Apfelsinen gebracht."

Vopo-Leutnant Riedl vermerkt, dass Elke einen hellblau karierten Mantel trug und eine schwarze Handtasche. Seine Nachforschungen ergeben, dass sie gegen 16.30 Uhr noch einmal an einer Bushaltestelle in Bad Düben gesehen wurde, von der aus man ins 40 Kilometer entfernte Leipzig gelangt. Kurz darauf erscheinen zwei Mitarbeiter der Staatssicherheit in Riedls Dienststelle und lassen sich die Unterlagen zu dem Fall aushändigen. Sie sagen, ab jetzt würden sie die Ermittlungen übernehmen, es bestehe Verdacht der Republikflucht in der Familie eines SED-Funktionärs. Verwandte des Mädchens hätten entsprechende Andeutungen gemacht.

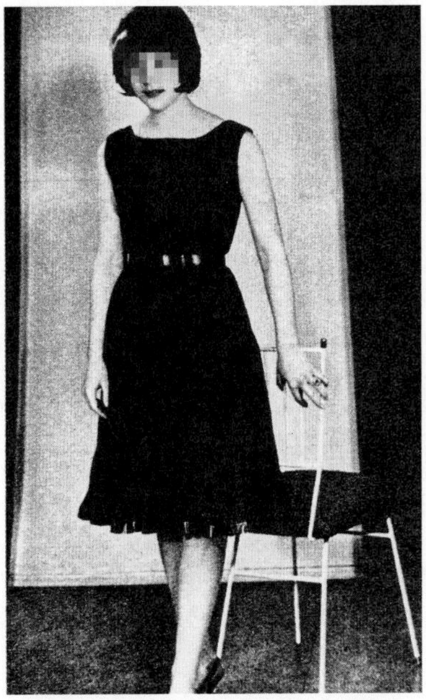

Elke Rumpp hatte den Sozialismus satt. Da lernte sie einen Mann aus dem Westen kennen

Auf die Idee, dass zwischen dem Mord- und dem Vermisstenfall ein Zusammenhang bestehen könnte, kommt niemand. Die Stasi teilt ihre Erkenntnisse nicht mit Polizisten. Sie bestellt „sämtliche Kontaktpersonen der Elke Rumpp" in ihre berüchtigte Zentrale am Leipziger Dittrichring. Derweil geben die Mordermittler das Foto der unbekannten Toten an die Zeitungen, sogar eine Belohnung wird ausgesetzt. Und sie informieren die Polizeibehörden der BRD. Aber auch dort ist keine junge Frau, auf die die Beschreibung passen könnte, als abgängig registriert.

Ende Januar 1967, nachdem auch Westmedien Bilder der Leiche veröffentlicht haben, geht beim LKA Wiesbaden der erste Hinweis ein, bei der Toten könne es sich um Maria Kogl, Zimmermädchen im Weidenhof in Frankfurt, handeln. Zwei Beamte suchen das Hotel auf und legen dem Geschäftsführer Fotos vor. Günter Schneider betrachtet sie lange. Ja, sagt er, eine Maria Kogl habe bis zum 15. November bei ihm gearbeitet. Seines Wissens sei sie mit einem Bundeswehrsoldaten durchgebrannt. Aber die Frau auf dem Foto, er schüttelt den Kopf, die kenne er nicht.

Verunsichert schalten die LKA-Männer ihre bayerischen Kollegen ein. Sie sollen Marias Eltern aufsuchen und Klarheit schaffen. Als der Vater die Bilder sieht, bricht er zusammen: „Ich bin schuld an Marias Tod. Ich habe sie aus dem Haus gejagt." Ausgerechnet für diesen Tag ist in der DDR die Beisetzung der bislang unbekannten Toten angesetzt. Sie kann gerade noch gestoppt werden. Die Polizisten fragen den Vater, warum er Maria nicht als vermisst gemeldet habe. Da zeigt er ihnen einen Brief, abgeschickt am 15. November. Er beginnt mit den Worten: „Meine Lieben, nachdem ihr mir so viel Schlechtes zutraut, bin ich bei Nacht aus dem Weidenhof abgehauen und in die Ostzone geflüchtet." ⟶

Im Gepäck war auch dieses Buch, herausgegeben vom „Bundesverband der deutschen Standesbeamten“, ein Wegweiser für das Eheleben

Maria Kogl aus Niederbayern war fleißig und lebensdurstig

In den folgenden 48 Stunden unterlaufen dem Wiesbadener LKA so viele Pannen, dass es die Ermittlungen über Monate beeinflussen wird. Statt Günter Schneider, der offensichtlich gelogen hat, umgehend ins Verhör zu nehmen, kehren die Beamten erst am kommenden Tag in den Weidenhof zurück. Da ist Schneider längst fort. Sie vernehmen seine Mitarbeiter, unter ihnen eine zierliche junge Frau, die stark sächselt und sich als Erika Sommer vorstellt. Sie ist seit Mitte November Zimmermädchen im Weidenhof. Während der Vernehmung sagt sie aus, sie stamme aus der DDR und sei über die Ostsee geflüchtet. Und sie gibt zu, einen falschen Namen zu benutzen, aus Angst, wieder nach Hause geschickt zu werden. In Wahrheit heiße sie Elke Rumpp.

Die Polizisten schöpfen keinen Verdacht und verschwinden. Doch Elke Rumpp wird nervös. Ihr neues Leben droht zusammenzubrechen. Seit zweieinhalb Monaten lebt sie in Frankfurt. Alles ist, wie Günter es versprochen hatte. Sie gingen oft tanzen, waren Fasching feiern und im Autokino. Obwohl Günter Schneider verheiratet ist, verbrachte sie oft die Nacht bei ihm, wenn er statt zu Hause im Hotel schlief. Seine Ehe schien zerrüttet. Es gab für Elke keinen Grund, daran zu zweifeln, dass er sie wie versprochen heiraten würde.

Aber jetzt war die Polizei da. Eine Tote ist gefunden worden. Elke will ihren Angebeteten zur Rede stellen. Als sie ihn zuletzt sah, hatte er gesagt, er müsse nach Marburg, Fleisch kaufen. Doch er ist nicht zurückgekehrt. Aus Elkes Nervosität wird Panik. Und so vertraut sie sich dem Inhaberehepaar des Weidenhofs an. Die beiden bringen sie am nächsten Morgen zur Polizei.

Es wird eine zähe Vernehmung. Vier Tage zieht sie sich hin. Elke hofft noch immer, Günter könnte wieder heimkommen, und gibt nur zögerlich Auskunft. Sie glaubt nicht, was die Zeitungen schreiben, dass er ein Mörder ist. Schließlich gesteht sie, dass sie den Namen Maria Kogl kennt, dass er in den Papieren stand, mit denen Günter Schneider sie in den Westen schmuggelte.

Die Flucht, so ihre Aussage, sei eigentlich für die Leipziger Frühjahrsmesse geplant gewesen. Doch dann habe Schneider sie am 5. Dezember überraschend angerufen: „Treffpunkt morgen 18 Uhr, Hotel Stadt Leipzig." Und er mahnte: „Nicht zu viel Gepäck." Elke packte etwas Wäsche in ihre Handtasche und das geliebte schwarze Chiffon-Kleid. Pünktlich wartete sie in der Lobby. Doch Schneider kam nicht. Um 19 Uhr dann sein Anruf: „Willst du wirklich mit mir flüchten?" Natürlich, versicherte sie. Um 20 Uhr betrat Schneider endlich das Hotel. Durch den Intershop für Westwaren. Die Verkäuferin, die Schneider von früheren Besuchen kannte, wird sich noch später daran erinnern, dass er bat, sich die Hände waschen zu dürfen, und dass sie an Schneider, der sonst so gepflegt war, einen unangenehmen Geruch wahrnahm.

Elke gegenüber behauptete er, eine Wagenpanne gehabt zu haben. Er trieb sie zur Eile. Er sagte, die Vopos würden die Zeit messen, die er vom Grenzposten Wartha bis nach Berlin benötige, und könnten misstrauisch werden. Als sie in Schneiders Ford Kombi saßen, gab er ihr den falschen Pass. Sie solle sich Namen und Geburtsdatum einprägen und bei Fragen bloß nicht sächsisch reden. Er behauptete, Maria Kogl arbeite für die CIA, sie habe kurz hinter Wartha eine amerikanische Militäruniform angezogen und sei von US-Soldaten abgeholt worden.

Unbehelligt erreichten sie West-Berlin. Schneiders Wagen rollte durch das grelle Meer aus Werbetafeln und Schaufenstern. Für die Nacht mieteten sie ein Zimmer auf dem Ku'damm. Erleichtert und glücklich gab sich Elke ihrem Befreier hin. Am nächsten Morgen öffnete Schneider einen Koffer, er war voller Frauenkleidung. Schneider bat Elke, sich zu bedienen, die Sachen hätten Gäste des Weidenhofs zurückgelassen. Sie nahm ein paar Teile, überrascht, wie gut sie passten. Dass die Sachen einer Toten gehörten, ahnte sie nicht. Es war jener Koffer, der fünf Jahrzehnte später auf dem Dachboden des Weidenhofs wieder auftauchte.

Bis die LKA-Beamten die ganze Geschichte kennen, ist Günter Schneider nach Süditalien geflohen. Von Informationen abgeschnitten, unsicher, wie viel die Behörden wissen, ob und was Elke ausgesagt hat, geht er zum Postamt Brindisi und ruft seine Frau an. Es ist ihr Geburtstag. In einem Zeitungsbericht von damals ist das Gespräch dokumentiert. Schneider sagt, er wolle ihr gratulieren. Sie schreit ihn an: „Was hast du getan? Überall ist Polizei. Sie suchen dich. Wo bist du?" In Schottland, lügt Schneider und legt auf. Tage später sieht er an einem Kiosk eine deutsche Zeitung mit seinem Foto und der Summe, die für seine Ergreifung ausgesetzt ist: 5000 Mark. Die Polizei vermute ihn in Südeuropa, steht in dem Artikel, sie weiß sogar, dass er mit einem roten Ford 12 M unterwegs ist. Er wurde gesehen.

Dass es dem Wiesbadener LKA trotz internationaler Unterstützung nicht gelingt, Schneiders habhaft zu werden, ist für die Propaganda-Organe der DDR ein Fest. Sie unterstellen der westdeutschen Polizei, Schneider gewarnt zu haben und hinter seiner Flucht zu stecken. Die Ost-Berliner „Nachtdepesche" titelt: „Bonner Politik in Aktion – Planmäßig organisierter Mord". Das „Neue Deutschland": „Neue abscheuliche Untat westdeutscher Menschenhändler".

Tatsächlich brennt bei der Stasi jedoch die Luft. Günter Schneider hat die mächtige Behörde, die so stolz ist auf ihr Spitzel-Netzwerk, über Monate genarrt. Erich Mielke tobt, verlangt Antworten: Wie konnte es passieren, dass Schneider sieben Mal unbehelligt in die DDR einreiste, um die Flucht einer Funktionärstochter zu organisieren? Es stellt sich heraus, dass die Einladungen für seine Aufenthaltsberechtigungen von Hotelangestellten stammten, die sich Schneider mit West-Geschenken gefügig gemacht hatte: bügelfreie Oberhemden für die Herren, Dessous und Parfüm für die Damen. Die Briefwechsel zwischen ihm und Elke blieben von der Zensur unbemerkt, weil Elke an Schneiders 72-jährige Mutter schrieb; er dagegen gab sich in schwungvoller Mädchenschrift als Elkes Freundin Dagmar aus.

Am peinlichsten für die Stasi aber ist, dass sie sogar eine Akte über Schneider angelegt hatte. Um gute Kontakte zu pflegen, hatte er sich während der Frühjahrsmesse 1966 bei der Kreisleitung der Leipziger SED vorgestellt: Er sei Westbürger und „würde gerne den Friedenskampf unterstützen". Die Parteifunktionäre waren beeindruckt und informierten den Stasi-Auslandsdienst HVA. Dessen Männer vernahmen Schneider über eine Stunde. In ihrem fünfseitigen Bericht vermerkten sie, Schneider habe lange Zeit in den USA verbracht, er sei offizieller Dolmetscher der niedersächsischen Landesregierung gewesen. Allerdings könnten sie nicht mit Gewissheit sagen, „ob Schneiders Bereitschaft, in Westdeutschland die Wahrheit über die DDR zu verbreiten, den tatsächlichen Gedanken entspricht oder aus konspirativen Erwägungen resultiert". Man werde ihn beobachten.

Ein Agent war Schneider nie. Er ist nur ein grandioser Hochstapler. Ein Spieler, süchtig nach Risiko. Er versteht es, die Menschen mit seinen abenteuerlichen Geschichten und dem angenehmen Singsang seiner Stimme für sich einzunehmen. Wie ein Theaterdarsteller genießt er die Aufmerksamkeit und steigert sich immer mehr in seine Rollen hinein. Er hat im Lauf der Jahre mindestens sechs Aliasnamen benutzt, darunter Kurt Heise, Richard Peylo, Ewald Graner und Günter Theodor Ernst von Weyden. Er ist vorbestraft wegen Betrugs, Diebstahls, Urkundenfälschung und Unterschlagung. Fast zehn Jahre saß er im Zuchthaus. Als Soldat wurde er erwischt, als er die Pakete seiner Kameraden plünderte. Fünf Mal war er verheiratet, zwei Ehen davon wurden wegen Bigamie annulliert.

Mit jedem Detail, das über den wahren Günter Schneider bekannt wird, bricht Elke Rumpp mehr in sich zusammen. Die Polizei glaubt ihr, dass sie nichts von dem Mord wusste, und gibt das verstörte Mädchen in die Obhut des Diakonischen Werkes, in ein Haus für Jugendliche. Von dort sucht Elke Kontakt zu einer Tante, die in München lebt und sie bei sich aufnimmt. So findet sie allmählich ins Leben zurück. ⟶

[Der Koffer war für einen längeren Aufenthalt gepackt worden, samt Reiseetui]

München gefällt ihr, sie überlegt, Krankenschwester zu werden, Gitarre will sie lernen. Nur eines will sie nicht: zurück in die DDR. Sie schreibt ihren Eltern in Bad Düben, bittet um Entschuldigung für ihren Entschluss. Sie verspricht, im Westen eine Ausbildung zu machen, die Eltern sollten nicht traurig sein, sie hätten doch ihre jüngeren Geschwister. Der Brief endet mit den Worten: „In der Hoffnung, dass Ihr mir verzeiht, grüßt und küsst euch tausendmal Eure Elke!"

Doch die Entscheidung liegt nicht bei Elke. Der Leiter der zuständigen Jugendbehörde in Wiesbaden stellt in der Presse klar: „Der Wille des minderjährigen Kindes ist nicht maßgebend." In der DDR hat Elkes Vater längst Antrag auf Rückführung seiner Tochter gestellt. Die Bundesrepublik kann sich dem nicht verweigern, macht allerdings zur Auflage, dass mindestens ein Elternteil persönlich erscheint, um das Mädchen abzuholen. Der Leiter der Jugendbehörde gibt noch zu bedenken, dass sich die Eltern überlegen sollten, ob sie Elke der Gefahr aussetzen wollen, dass sie wegen Republikflucht im Gefängnis landet. Doch es hilft nichts, im März reist Elkes Mutter in Begleitung des auf derartige Fälle spezialisierten DDR-Anwalts Wolfgang Vogel nach West-Berlin und holt die Tochter nach Hause.

Schneiders Anwälte sprachen vor Gericht von einer Affekttat, die Staatsanwaltschaft von einem ausgeklügelten Plan: die lange vorbereitete Reise, die Perlonstrümpfe

Foto: Peter Becker/dpa/Picture-Alliance

Günter Schneider weiß von alldem wahrscheinlich nichts. Und wenn, es dürfte ihn kaum interessieren. Seine Jäger kommen ihm immer näher. Er wollte in den Orient, doch Interpol hat die Fahndung bis in den Iran ausgeweitet. Der vorläufige Pass, mit dem er als Richard Peylo unterwegs ist, läuft bald ab. Er braucht ordentliche Papiere. Und Geld. Seine Ersparnisse sind aufgebraucht.

Anfang April geht Schneider das Risiko ein und kehrt nach Deutschland zurück. Er lässt sich in Frankfurt bei einem Juwelier einschließen und erbeutet Schmuck im Wert von 12 000 Mark. Dann bucht er ein Zimmer im Hotel „Römischer Kaiser" in Dortmund. Als Uhrenfabrikant Haberer aus Bern trägt er sich in den Meldezettel ein. Er mietet eine Sekretärin und lässt sie ein Inserat aufgeben: „Direktionsfahrer gesucht. Unabhängig und mit gültigem Reisepass." Ein Auto hat Schneider nicht, er braucht auch keinen Fahrer. Was er sucht, ist ein Doppelgänger.

21 Männer werden in den „Römischen Kaiser" zum Vorstellungsgespräch bestellt. Und tatsächlich, einer sieht ihm ähnlich, ein gewisser Friedrich Kühnemann. Euphorisch verspricht ihm Schneider üppige 1000 Mark Gehalt, er brauche aber sofort seinen Pass, damit er Kühnemann bei der Schweizer Botschaft in Bad Godesberg als Fahrer registrieren könne. Kühnemann willigt ein und verspricht, in einer Stunde zurück zu sein. Schneider kann nun auf ein neues Leben hoffen. Doch als es das nächste Mal an seine Tür klopft, steht dort nicht Kühnemann, sondern die Polizei. Kühnemann fand, dass 1000 Mark Gehalt zu schön klangen, um wahr zu sein. Und er wusste, dass es in Bad Godesberg keine Schweizer Botschaft gibt.

Es ist der 29. April 1967, als Günter Schneider festgenommen wird. In seiner Vernehmung spricht er schweizerdeutsch, so gefangen ist er in seiner Rolle. Seine Stimmungen schwanken. Mal bricht er in Tränen aus, dann wieder sonnt er sich in seiner Genialität als Hochstapler. Zunächst behauptet er, nichts von Maria Kogls Tod gewusst zu haben, sie sei am Grenzübergang Wartha von Stasi-Agenten abgeführt worden. Schließlich jedoch gibt er zu, dass er sie getötet hat. Aber das, so beteuert er, sei nie sein Plan gewesen. Eine Tat im Affekt. Maria sei doch mit allem einverstanden gewesen. Im letzten Moment habe sie dann aber einen Rückzieher gemacht. Es sei zum Streit gekommen, da habe er die Kontrolle verloren, an Details könne er sich gar nicht erinnern. Schneider sagt: „Als ich wieder zu mir kam, lag Maria still und schlaff in meinen Armen."

Bei diesen Worten sitzt ihm Kriminaloberrat Karlheinz Gemmer gegenüber. Nach den vielen Pannen hat das hessische LKA seinen erfahrensten Mann für den Fall abgestellt. Gemmer glaubt Schneider kein Wort. Mit dem, was Schneider da gestanden hat, würde er maximal wegen Totschlags verurteilt werden. Gemmer hingegen hält ihn für eiskalt, möglich gar, dass Schneider von Beginn an geplant hatte, Maria zu beseitigen, um eine Geliebte gegen die andere auszutauschen. Er droht Schneider mit der Auslieferung in die DDR. Dort gibt es die Todesstrafe. Doch Schneider hält dem Druck stand. Sein Fall hat extreme Medienaufmerksamkeit und er damit die besten Anwälte. Sogar der berühmte Strafverteidiger Rolf Bossi berät ihn.

Gemmer braucht stichhaltige Beweise. Und die hat er nicht. Die haben nur seine Kollegen in der DDR: Zeugenaussagen, Tatortfotos und vor allem den Bericht der Gerichtsmedizin, wonach das Opfer zwei Perlonstrümpfe um den Hals hatte. Wer Strümpfe zu einem Strang wickelt, sagt Gemmer, kann nicht im Affekt gehandelt haben.

Er stellt ein Rechtshilfeersuchen, doch die DDR macht jedes Entgegenkommen davon abhängig, dass sie von der Bundesrepublik „als souveräner Staat respektiert" wird, und verlangt, dass Gemmers Anfragen vom Bundesjustizminister gestellt werden. Ein Unding für Bonn. Doch Gemmer bleibt hartnäckig, schreibt in seine Anträge immer wieder „DDR/Ausland", lobt die „hervorragende Arbeit" der Kollegen. Im Mai wird er schließlich zu einem vierstündigen Informationsaustausch nach Ost-Berlin eingeladen.

Es ist eine diplomatische Sensation. Vielleicht der erste bemerkenswerte Schritt der Ost-West-Annäherung seit dem Bau der Mauer. Jedes Wort wird protokolliert. Die Atmosphäre ist höflich, Gemmer spricht sogar eine Gegeneinladung an die Kollegen aus, was die freundlich ablehnen.

Nach Sichtung aller Beweise fasst Gemmer den Hergang des Mordes in seinem Bericht so zusammen: Tatort war aller Wahrscheinlichkeit nach Schneiders Ford Kombi; Schneider sei von seiner Statur her „ein Schwächling“, deshalb sei ihm Maria Kogl, die auf einem Bauernhof groß geworden war, körperlich überlegen gewesen. Um sie zu überwältigen, habe ihr Schneider vermutlich „den Geschlechtsverkehr vorgespiegelt“ und sie dabei von hinten erdrosselt; danach habe er Maria „der Einfachheit halber“ ein Sommerkleid aus ihrem Gepäck übergestreift. Zu dieser Darstellung passe, dass Maria kurz vor ihrem Tod Alkohol getrunken hatte. Und auch die Totenflecken, die darauf hindeuteten, dass die Leiche längere Zeit in einem Wagen transportiert wurde – zu jener Stelle an der Autobahnausfahrt Dübener Landstraße, an der Maria Kogl am 8. Dezember gefunden wurde.

Von da an dauert es weitere fünf Jahre, bis sich Schneider vor Gericht verantworten muss. Vor allem, weil sich die DDR weigert, Elke Rumpp noch einmal in den Westen reisen zu lassen, um als Zeugin auszusagen. Im Prozess bezeichnet Schneider Elke als „Versuchskaninchen“. Bei ihrer Flucht habe es sich nur um einen Testlauf gehandelt. Sein eigentliches Ziel sei es gewesen, später die jüngere Schwester seiner Frau in den Westen zu bringen: Elkes beste Freundin Christel. Doch das bestätigt keine von beiden. Schneiders Anwälte stellen ihren Mandanten als „gesundheitliches Wrack“ dar, er leide infolge eines Autounfalls von 1965 an schweren Kopfschmerzen und sei nicht verhandlungsfähig. Doch sie haben keinen Erfolg. Am 11. August 1972 endet der auf vier Monate angesetzte Prozess. Günter Schneider ist jetzt 49. Er wird wegen Mordes zu lebenslanger Haft verurteilt. Das Gericht folgt dem Antrag der Staatsanwaltschaft, die Schneider heimtückische und niederträchtige Beweggründe unterstellte, er habe seine Affären gegeneinander austauschen wollen. Als Schneider das Strafmaß hört, bricht er zusammen.

Was aus ihm wurde, ob er das Gefängnis je wieder verließ, ist nicht bekannt. Seine Frau hatte ihn noch einmal während der U-Haft besucht und sich danach scheiden lassen. Elke Rumpp blieb in der DDR von der Stasi unbehelligt. Sie ging nach Eberswalde, wo sie Lehrerin wurde und noch heute lebt. Die Bitte um ein Interview lehnte sie ab. Elkes Vater ist heute 94. Er sagt, dass er mit seiner Tochter nie wieder über die Ereignisse von damals gesprochen habe. Nach Elkes Rückkehr wandelte er sich vom überzeugten SEDler zum Regimekritiker und wurde schließlich als Lehrer entlassen. Maria Kogl fand ihre letzte Ruhestätte auf dem Südfriedhof in Leipzig. Ihre Familie war zu arm, um die Überführung ihres Leichnams zu bezahlen. Marias Tochter wurde von ihrem Bruder aufgenommen und in einem Dorf bei Landshut großgezogen. Den Weidenhof gibt es längst nicht mehr. Das Haus meines Großvaters ist heute ein Kindergarten. Nach dem Fund des Koffers fragte die Frankfurter Polizei Marias Bruder, was mit den Sachen geschehen soll. Er bat darum, den Koffer zu vernichten. ●

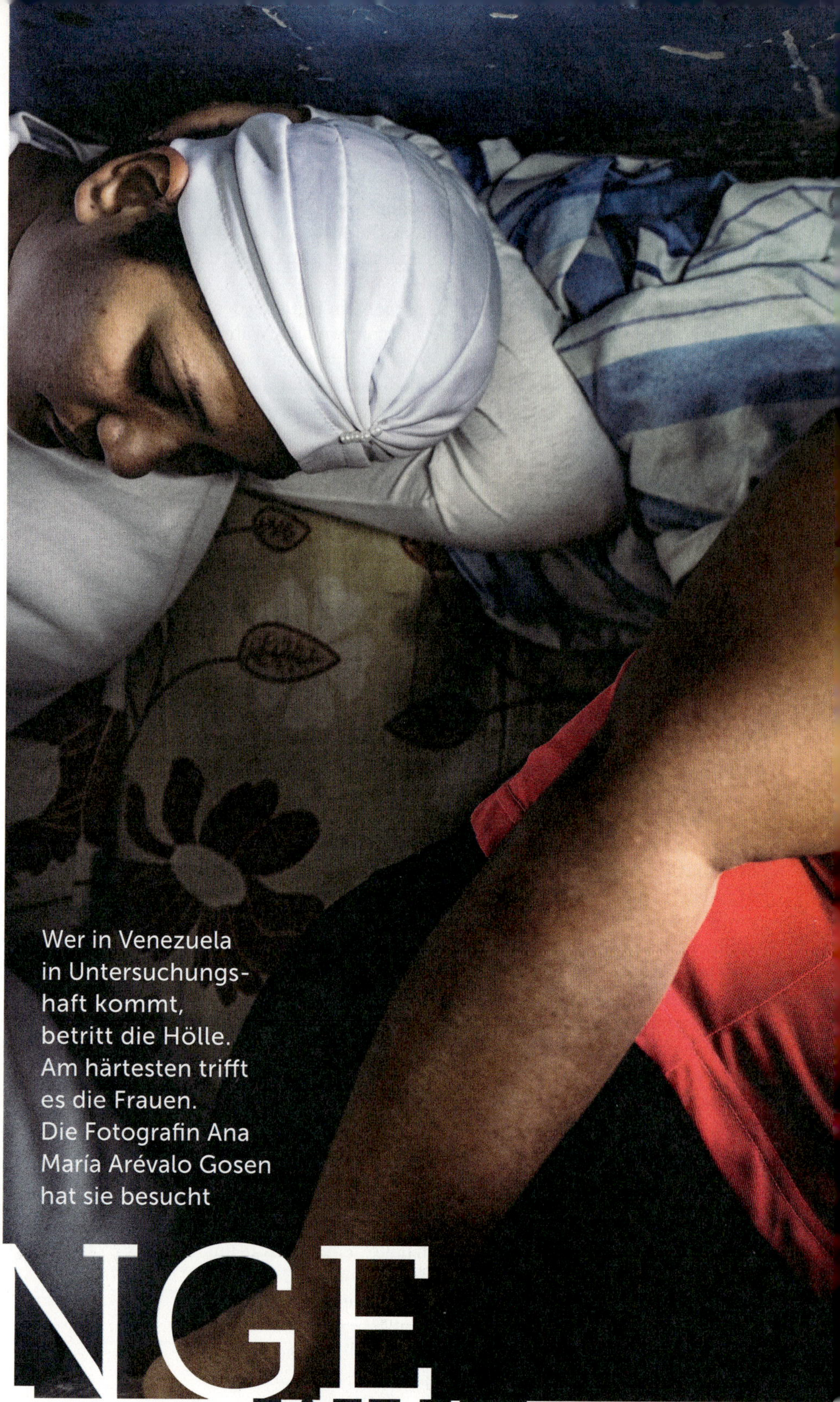

Wer in Venezuela in Untersuchungshaft kommt, betritt die Hölle. Am härtesten trifft es die Frauen. Die Fotografin Ana María Arévalo Gosen hat sie besucht

ENGE WUT FURCHT

TEXT **MATTHIAS BOLSINGER**

Neuer Anstrich im Gefängnis La Yaguara, Caracas. Der schmale Anbau ist dafür vorgesehen, dass Insassinnen darin ihre Ehemänner empfangen können. Zusätzlich wurde noch der Wassertank für die 270 Inhaftierten eingebaut – und eine kleine Zelle für sieben Frauen

Aufzustehen fällt schwer im Knast von El Valle, Caracas. In diesen fensterlosen Raum quetschen sich bis zu 100 Frauen, manche von ihnen erwarten ein Kind. Sie könnten sich in weniger überfüllte Zellen kaufen. Wenn sie das Geld dazu hätten

Transfrauen gehören in den Gefängnissen zu den Verwundbarsten. Kaum jemand respektiert ihre Geschlechtsidentität. Die Polizisten sperren sie meist zu den Männern. Dort werden sie oft misshandelt und vergewaltigt

Aber auch im Frauenbereich treffen sie auf Menschen, deren Leben von Gewalt geprägt ist. Hainni, 17, soll einen Mord begangen haben. Ihr Spitzname: „38“, wie das Kaliber der auf ihren Schenkel tätowierten Pistole

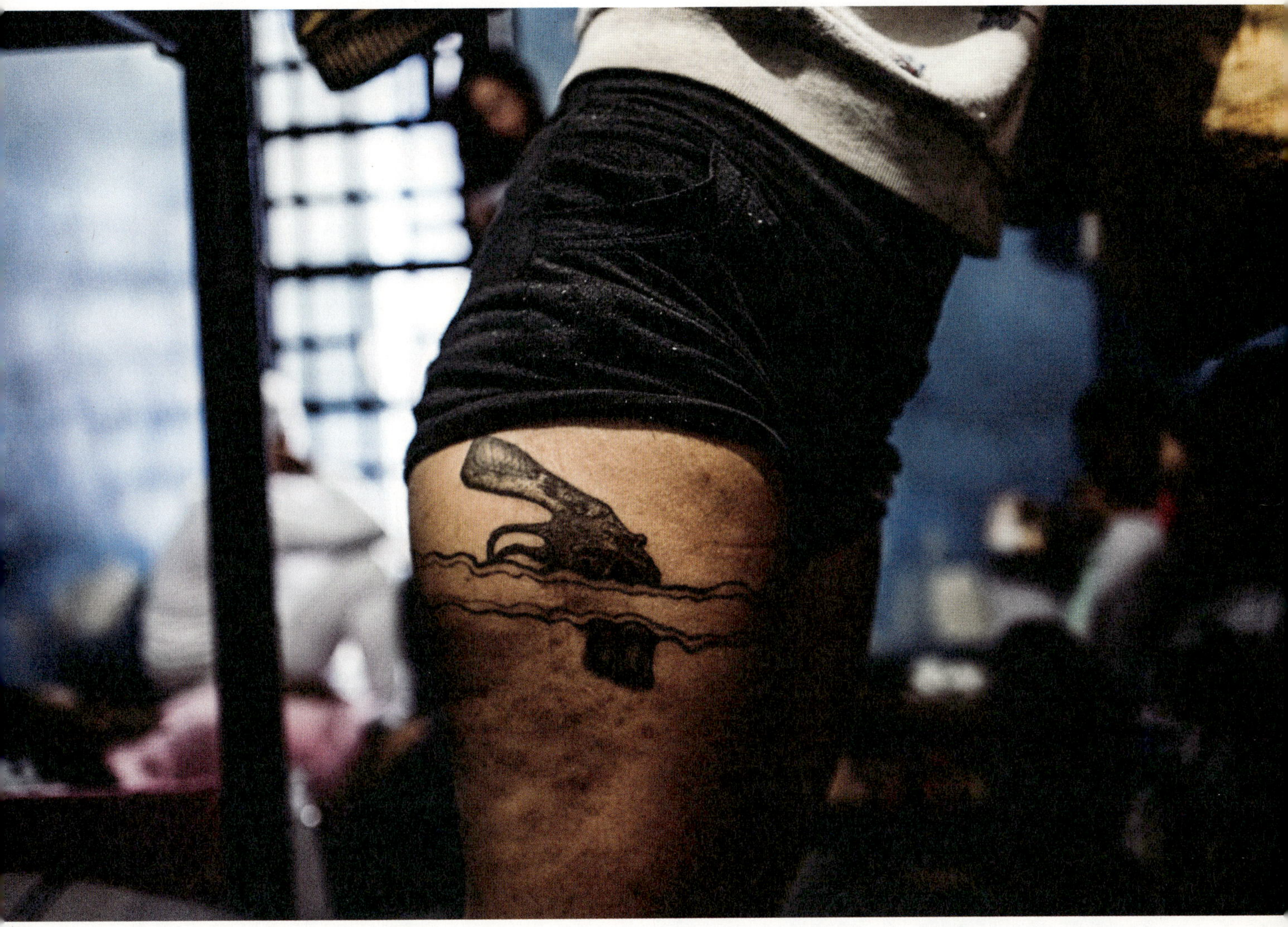

Jakelin Rivero, 21, im achten Monat schwanger, will sich waschen. Die rund 100 Insassen des Untersuchungsgefängnisses von Valencia müssen sich mit Eimern duschen, zwischen Pappwänden im Innenhof. An derselben Stelle teilen sie sich die einzige Toilette der Anstalt

D

Die Hölle ist nicht sehr groß. Ein paar Quadratmeter nur, dunkel und heiß, vollgestopft mit Menschen. Sie warten. Auf einen Prozess, die Freiheit vielleicht. Morgen, in ein paar Tagen, Monaten, manchmal auch Jahren.

Diese Hölle trägt viele Namen. Poli-Valencia. El Valle. La Yaguara. Die U-Haft-Knäste Venezuelas.

Jakelin Rivero, 21, hat einen Busfahrer ausgeraubt, da ist sie im fünften Monat schwanger gewesen. Drei Monate später liegt sie in der Zelle einer Polizeistation in Valencia, zwei Stunden entfernt von der Hauptstadt Caracas. Die Matratzen auf dem Boden sind dünn. Licht dringt nur durch ein kleines Fenster hinein, es riecht nach Schweiß. Mehr als zehn Frauen teilen sich den engen Raum, Rivero kann sich kaum bewegen. Andere bekommen Besuch, der Essen und Medikamente bringt. Riveros Familie kommt selten.

Sie ist einsam. Leidet an Hunger, Hitze, Ungewissheit. Fragt sich: Wann darf sie vor ein Gericht oder in ein reguläres Gefängnis? Und: Was wird aus ihrem Baby?

Die Frauen sind unterernährt, manche haben Tuberkulose. Sie wirken konfus, wissen nicht, warum sie hier sind. Falls sie es wissen, kennen sie ihre Anwälte nicht. Kennen sie ihre Anwälte, können die ihnen nicht sagen, wie es weitergeht. Die einzige Toilette teilen sie sich mit insgesamt einhundert Insassen: eine von Kartonwänden umstellte Schüssel im Innenhof, ohne Abfluss.

Früher hat man die Frauen einfach zu den Männern gesperrt. In einen Raum, in dem improvisierte Hängematten gespannt waren, weil sonst kein Platz für alle war, teils nicht mal genug Platz, damit alle sitzen konnten. Irgendwann haben die Polizisten ein Büro freigeräumt, um die Frauen dort unterzubringen. Aber nicht alle: Drei Transfrauen sitzen bei den Männern, in der ständigen Angst, misshandelt und vergewaltigt zu werden.

In dem sozialistischen Staat, den seit Jahren eine politische Krise lähmt, in dem Armut herrscht, ist ein paralleles Gefängnissystem entstanden. Regierungszahlen gibt es dazu nicht, aber laut der NGO „Una Ventana a la Libertad“ sitzen mittlerweile etwa 23 000 Menschen in Untersuchungshaft fest. Menschen, die vor dem Gesetz als unschuldig gelten, solange sie nicht verurteilt sind. Sie sitzen fest, weil die Justiz implodiert ist. Die Gerichte sind nicht in der Lage, Beschuldigten einen zügigen Prozess zu machen. Das hat unterschiedliche Gründe: mangelnde Infrastruktur, Inkompetenz, Korruption.

Mehr als 60 Prozent aller Häftlinge des Landes warten deshalb noch auf ein Urteil, drängen sich in den schäbigen Zellen, auf den Gängen und sogar auf den Treppen lokaler Polizeiwachen. Die Räume sind längst überfüllt und füllen sich trotzdem immer weiter. Es gibt dreimal so viele Gefangene wie Haftplätze. Nicht länger als 48 Stunden darf man sie laut Gesetz an diesen Orten festhalten. Manche aber warten Jahre.

Die Vereinten Nationen sind in großer Sorge. NGOs sagen: In den Zellen werden Menschenrechte verletzt. Es gibt keinen Rechtsstaat mehr in Venezuela. Wer es sich leisten kann, heißt es, kauft sich frei. Im Knast bleiben die Armen und Verwundbaren zurück.

Jakelin Rivero war eine der ersten Inhaftierten, die die venezolanische Fotografin Ana María Arévalo für ihre Recherche zur Situation von Frauen in den Gefängnissen des Landes traf. Nie, sagt die Fotografin, werde sie die Verzweiflung und Hilflosigkeit der jungen Mutter vergessen. Sie habe Rivero nicht wiedergetroffen. Gefangene hätten ihr erzählt, das Baby sei gestorben. ⟶

**Oft müssen die Frauen ihre Notdurft in Plastikeimer verrichten, vor den Augen der anderen. Mangelnde Hygiene ist immer wieder ein Grund für Infektionen.
Die Inhaftierten wissen nicht, wann sie jemals wieder gehen dürfen. Also machen sie die kargen Kerker zu ihrem Zuhause, mit Kussmündern und kleinen Botschaften an den Wänden**

**Ana María Arévalo Gosen wuchs in Caracas auf und verließ Venezuela, um Politik und Fotografie in Europa zu studieren.
Sie lebt derzeit in Bilbao, Spanien**

06-01-2018

Te Amo

Schönheit ist wichtig, selbst hier, wo kaum jemand die glänzenden Haare sieht. Es ist ein Stück alter Normalität. Vielen Frauen gelingt es, sich einigermaßen zu pflegen, auch wenn keine Spiegel erlaubt sind.

Yusbelis Bustamante (r.), 23, Mutter zweier Kinder, wurde von einer anderen Insassin am Auge verletzt. In der Enge kommt es immer wieder zu Streit

Über zwei Jahre hinweg hat Arévalo zwei staatliche Vollzugsanstalten und zehn Untersuchungsknäste besucht. Sie hat mit rund 100 Frauen gesprochen, ihre Geschichten aufgezeichnet. „Días eternos" heißt ihr Projekt – ewige Tage. Es ist die Dokumentation eines Unrechts, von dem selbst in Venezuela kaum jemand weiß. Die überfüllten Zellen gehören zu den dunkelsten Orten des Landes. Arévalo nennt sie „die Hölle auf Erden".

Vom Leid der Frauen erfuhr Arévalo im Jahr 2017 durch eine Journalistin. Die erste Informantin für ihre eigene Recherche traf Arévalo dann in einer Klinik. Die Frau war schwanger und erzählte, dass man sie im Knast mit Männern in einen Raum gesperrt hatte. Dass sie dort tagsüber in der Zelle kauern musste. Dass ihre Toilette ein Loch im Boden war. Die Schwangere war in der Klinik, weil sich ihre Plazenta löste und sie unter Infektionen litt.

Arévalo wollte nun mit eigenen Augen sehen, wie die Gefangenen lebten. Schon am nächsten Tag betrat sie eine Polizeiwache in Valencia. „Ich konnte das nicht glauben", sagt Arévalo. „Es war wie im Krieg."

Knapp acht Prozent der Inhaftierten sind weiblich. Alle Menschen leiden unter den unwürdigen Bedingungen, aber die Frauen leiden besonders.

Es fängt beim Essen an. Nahrung erhalten die Gefangenen höchstens einmal am Tag. Eine Mahlzeit besteht einem Bericht der NGO „Observatorio Venezolano de Prisiones" zufolge aus wenig mehr als Nudelwasser und einem Maisfladen. Verwandte müssen den Insassen Essen bringen, Wasser und Medikamente. Nicht selten kassieren die Polizisten für jeden Besuch ab oder behalten das Mitgebrachte ein. Landen Männer im Knast, werden sie von Ehefrauen, Müttern oder Schwestern versorgt. Frauen werden von ihrer Familie nicht selten fallen gelassen.

Auch die hygienischen Zustände sind für die Frauen besonders verheerend. Menstruieren sie, müssen sie sich den Stoff ihrer Shirts zwischen die Beine wickeln. Binden oder Tampons bekommen sie nicht, oft fehlt Wasser, um sich zu waschen. Sind die Frauen schwanger, werden sie medizinisch kaum versorgt, weil die Beamten nicht wissen, was zu tun ist.

Erst wenn sie verurteilt sind, dürfen Inhaftierte in eine reguläre Vollzugsanstalt. Hier gibt es mehr Platz, mehr Essen und Medizin. Aber auch ideologische Umerziehung und militärischen Drill

Und dann ist da noch die Gewalt. Hinter Gittern sind Frauen Männern schutzlos ausgeliefert. Sie werden vergewaltigt und erpresst. Von Häftlingen, aber auch von Polizisten.

Viele Beamte sind nicht nur überfordert von der wachsenden Zahl der Gefangenen, von Not und Wut in den Zellen, sondern auch frustriert. Deshalb haben sie der Fotografin Arévalo in den vergangenen Jahren immer wieder die Türen geöffnet. Arévalo hat sich zu den Frauen gesetzt. Hat sich mit ihnen einschließen lassen, gewartet, bis die Polizisten nicht mehr lauschten. Dann hat sie den Gefangenen zugehört.

Sarait, Mutter zweier Kinder, war in einem Slum bei der Plünderung eines Spirituosengeschäfts festgenommen worden. Sie saß seit mehr als sechs Wochen ein, ohne Kontakt zu ihrem Anwalt.

Grecia war erst wenige Stunden zuvor in den Knast gebracht worden, nackt. Ihr Körper voller Narben, weil sie sich selbst verletzt, wenn sie auf Drogen ist. Sie hatte Angst und weinte, weil sie nicht wusste, wo sie war.

Yorkelis, 21, wartete schon seit zwei Jahren auf einen Prozess, weil der Staat sie für eine Terroristin hielt. Sie sagte: „Wenn wir hier rauskommen – falls wir das tun –, sind wir schlechtere Menschen als zuvor."

Nur wenige geben den Gefangenen Mut. Evangelikale Christen zum Beispiel. Immer wieder besuchen sie die Polizeiwachen, führen Theaterstücke auf, in denen es um Vergebung geht. Sie beten mit den Insassen, geben ihnen zu essen, umarmen sie. Sagen ihnen: Ihr werdet geliebt. Wo das Recht nicht schützt, kann man nur noch auf Gott hoffen.

Die größte Gefahr in den Zellen sind nicht die korrupten Polizisten, nicht die brutalen Insassen. Es sind die Viren und Bakterien. Menschen, die sich in Zellen aneinanderdrängen, können sich vor ihnen nicht schützen. Sie stecken sich mit Tuberkulose an. Sterben, weil sie nicht behandelt werden. Es ist nicht bekannt, wie viele Gefangene in Venezuela an Covid-19 erkrankt sind. Sicher ist nur: Jetzt, da ihre Angehörigen wegen des Infektionsschutzes sie kaum noch besuchen dürfen, wächst der Hunger. Und die Wut.

In allen venezolanischen Gefängnissen zusammen sind zwischen März und August 2020 287 Häftlinge gestorben, doppelt so viele wie im gleichen Zeitraum des Vorjahres. 128 von ihnen an Unterernährung, Tuberkulose oder anderen eigentlich heilbaren Krankheiten. 80 wurden getötet.

Sie wollten fliehen. ●

UNTER

UNS

Verbrechen können überall geschehen. Das wissen wir. Doch was, wenn der Wohnort wirklich zum Tatort wird?

Ein Hausbesuch

VON **BENEDICT WERMTER** FOTOS **PAULINA HILDESHEIM**

Ein Altbau in Leipzig. Hier starben zwei Frauen

WAS DOVCHIN D. GETAN HATTE, ERSCHÜTTERTE EINE GANZE STADT. ER TÖTETE ZWEI FRAUEN UND ZERSTÜCKELTE SIE. EINIGE DER LEICHENTEILE VERGRUB ER IN SEINEM KELLER ODER SPÜLTE SIE IN DER TOILETTE HINUNTER. NACH SEINER VERHAFTUNG WURDEN SEINE VERBRECHEN ALS „LEIPZIGER STÜCKELMORDE" BEKANNT. AUCH DAS GEBÄUDE, IN DEM ER SEINE TATEN BEGANGEN HATTE, BEKAM EINEN NAMEN: „DAS MÖRDERHAUS". ER WOHNTE DORT NICHT ALLEIN.

„In der ersten Nacht nach dem Einzug in das Haus kam ich von einer Party, das war im Sommer 2015. Ich wollte nur kurz mein Fahrrad abholen, um woanders hinzufahren und dann dort zu schlafen. Auf dem Weg ist mir so ein Typ gefolgt. Als ich bei uns im Hof ankam, sprang er aus dem Nichts auf mich zu und schlug auf mich ein. Ich konnte mich losreißen und wegrennen.

Ich habe die Polizei gerufen und bin ins Krankenhaus gebracht worden. Dort war noch eine andere junge Frau in der Notaufnahme, die hatte der Typ kurz nach mir angegriffen. Auch sie konnte wegrennen, ebenfalls in der Nähe unseres Hauses. Wir haben später bei der Polizei einzeln ausgesagt, und man hat uns Täterfotos gezeigt. Der Typ war aber nicht dabei, ich hatte sowieso fast nichts erkennen können in dieser Nacht. Irgendwann wurden die Ermittlungen eingestellt.

Das Gebäude war gerade frisch renoviert, und fast alle Mietparteien sind zeitgleich eingezogen – meine Freunde und ich in eine WG. Nach dieser ersten Nacht war unser Haus für mich wie verhext. Ich habe dann trotzdem noch fast zwei weitere Jahre darin gewohnt. Aber in den Hof bin ich nicht mehr gegangen. Irgendwas war da immer. Mal wurde randaliert, mal wurde was gestohlen.

Kurz nach unserem Einzug habe ich auch Dovchin kennengelernt, der sich uns als ‚Kurt' vorgestellt hat, so wie sich viele Asiaten hier deutsche Vornamen geben. Also nannten wir ihn immer Kurt. Der Kurt ging manchmal mit seiner Katze im Treppenhaus spazieren, süß war die, schwarz-weiß gestreift und mit rotem Halsband. Mit Kurt habe ich ab und zu Small Talk gehalten, er war irgendwie nett, aber er wirkte einsam. Während der Morde habe ich noch im Haus gewohnt, bin dann aber ausgezogen. Ich war allerdings zufällig am Wochenende da, als alles rauskam. So etwas hatte niemand kommen sehen."

Lenki Behm, 28, studiert mittlerweile in Berlin. Sie ist manchmal zu Besuch bei ihren Freunden im Haus und denkt dann kurz auch an Kurt, ohne Angst, aber noch immer erstaunt. Sie ist sich allerdings sicher, dass es nicht Kurt war, der sie in jener ersten Nacht im Hof überfiel.

Mit ihr in der WG lebte Raffael Bader, 33, Künstler aus Leipzig. Auch er ist mittlerweile ausgezogen, erinnert sich aber gut an die Zeit im Haus:

„2015 hatten wir eine WG-Party. Wir haben das ganze Haus eingeladen. Der Kurt ist spätabends dazugekommen und hat sich zu meinen Freunden und mir auf den Flurboden gesetzt. Er war ein kleiner, eher unscheinbarer Typ, bis dahin hatten wir uns nur gegrüßt. Dann hat er erzählt, von seiner mongolischen Heimat, von seiner ⟶

„Kurt war irgendwie nett.
Aber er wirkte einsam“

Lenki Behm, 28, wohnte in einer WG im Haus

Raffael Bader, 33, lernte seinen Nachbarn Dovchin auf einer Party kennen

„Ich habe verstanden, dass so eine Tat zum Leben dazugehören kann“

Ex-Partnerin in Deutschland, mit der er ein Kind hat, das er nicht sehen darf. Ich habe ihn als sympathischen Menschen kennengelernt, offenherzig und lustig. Nach ein paar Bieren ist er gegangen. Er musste am nächsten Tag früh raus.

Als ich eines Abends aus dem Fenster schaute, sah ich ihn im Hof Bier trinken. Ein anderer Hausbewohner setzte sich zu ihm. Dann schrie der Kurt, dass seine Katze gestorben sei. Er wirkte auf mich völlig aufgelöst, überfordert. Später habe ich gesehen, wie er die Katze einfach in den Müll geschmissen hat. Irgendetwas stimmte nicht mit ihm, das hatte ich im Gefühl.

An einem Nachmittag stand dann plötzlich die Polizei vor der Tür. Kurz darauf wurde Kurt in den Streifenwagen gebracht. Ich dachte, die schieben ihn ab. Er hatte mal erwähnt, dass es da Probleme gab. Dann kam nach und nach raus: Im Jahr 2016 hat Kurt innerhalb von sechs Monaten zwei Frauen in seiner Wohnung erwürgt. Was er genau getan hat, haben wir erst in der Zeitung gelesen.

Manche aus meiner WG wussten danach nicht, ob sie hier jemals wieder ruhig schlafen könnten. Ich dachte einfach nur: Wahnsinn. Es passte gar nicht zu meinem Bild von Kurt, damals von der WG-Party. Aber so ist es: Einige Menschen sind zu einem Mord in der Lage.

Am Ende hat das Ganze mir ein realistischeres Bild unserer Gesellschaft ermöglicht. Ich habe verstanden, dass so eine Tat zum Leben dazugehören kann. Verunsichert oder verängstigt bin ich nicht."

•

Im April 2016 lockt Dovchin D., damals 36, eine Frau aus einer nahe gelegenen Bar in seine Wohnung. Er erwürgt die Frau, zerstückelt ihre Leiche mit einer Flex und wirft die Leichenteile, die er mit einem Fahrradständer beschwert hat, ins Leipziger Elsterbecken. So steht es später in der Anklageschrift.

Während die Soko „Brücke" nach ihm fahndet, lockt Dovchin D. im November 2016 eine weitere Frau in seine Wohnung, diesmal aus einer anderen Kneipe im Viertel. Er erwürgt auch diese Frau und zersägt sie. Dovchin D. spült einige Leichenteile in der Toilette hinunter, er entsorgt andere Teile in der Mülltonne im Hof und in einem verlassenen Haus um die Ecke. Den Kopf, Hände und Füße der Frau vergräbt er in seiner Kellerparzelle.

„Wie ich Dovchin das erste Mal gesehen habe? Wir haben uns immer mal wieder im Treppenhaus unterhalten. Ich war auch mal bei ihm, wir haben Bier getrunken, übers Angeln geredet. Das war sein Ding. Ab und an habe ich ihm etwas geborgt. Dann hat meine Frau ein Kind bekommen, und er hat uns eine Wickelunterlage geliehen, die er noch von seiner Tochter hatte. So ein Verhältnis hatten wir. Aber es blieb immer irgendwie bei einer Art Balkongespräch. Obwohl er mir von Anfang an sympathisch war, ein angenehmer Typ, ruhig. Und halt alleinstehend.

Im Lauf der Zeit sah ich, wie seine Augenringe immer größer wurden, wie er – wie soll ich sagen – irgendwie so eine geistige Leere ausstrahlte. Ihm ging es nicht so gut, das war mir klar. Ich habe ihn auch ein paarmal betrunken gesehen, mit Bierflasche in der Hand, frühnachmittags, zu Uhrzeiten also, zu denen das nicht normal ist. Ich hätte gerne mal nachgefragt. Aber ich war eben mit meinen Kindern und meiner Beziehung beschäftigt und hatte keine Zeit.

Plötzlich im Februar 2017: Bumm. War das ganze Haus voller Polizei und Spurensicherung. Meine Familie und ich, wir waren total überrascht. Die Polizei hat uns zuerst nichts gesagt, wir haben aber im Lauf des Tages rausbekommen, dass Kurt zwei Morde begangen haben soll. Das war ein Schock. Für das ganze Haus.

Ungefähr 15 Beamtinnen und Beamte waren danach vier bis fünf Tage da, mit Hunden und allem Drum und Dran. Ich habe immer wieder gefragt, was genau passiert ist. Manche Polizisten haben abgewinkt, manche haben ein bisschen was durchblicken lassen. Auch andere Hausbewohner haben irritiert nachgefragt. Dann kamen die ersten Artikel in der Zeitung. So nach zwei Tagen konnte ich erahnen, was Dovchin getan hatte.

Klar, ich habe das schon mitbekommen, dass die Polizei Leichenteile aus unserem Keller getragen hat. Auch dass man im verlassenen Haus um die Ecke etwas gefunden hat. Und dann kam raus, dass er das erste Opfer mit einem unserer Fahrradständer im Elsterbecken versenkt hatte. Auch von der Sache mit den Leichenstücken in der Toilette erfuhren wir bald.

Das war noch mal ein Schock für uns alle. Nicht nur, dass er das gemacht hat, sondern auch, wie er das gemacht hat. Besonders für viele Frauen im Haus war es eine krasse Vorstellung, und ich weiß, dass einige traumatisiert waren. In der ersten Zeit waren wir alle aufmerksamer, wenn wir vor die Tür gingen, einfach instinktiv. Zwei Wochen lang war die Polizei da. Tag und Nacht haben sie das Treppenhaus und die Tatorte bewacht. Ich habe damals in einer Pizzeria gearbeitet. Jede Nacht, wenn ich nach Hause kam, fragten mich Beamte: ‚Was machen Sie hier?'

Wenn ich an Dovchin zurückdenke, erinnere ich mich an eine Situation im Treppenhaus. Das muss gewesen sein, nachdem er den ersten Mord begangen hatte. Ich hatte mich ausgesperrt und stand mit meinen Kindern im Treppenhaus. Er stellte sich dazu, und wir haben uns einige Zeit unterhalten, bis meine Frau kam und wir in unsere Wohnung konnten. Das ist im Nachhinein so krass, weil diese Vorstellung vom ‚Monster' in sich zusammenfällt, wenn ich daran denke. Weil er halt so ein netter Kerl war."

Jonathan B., 28, studiert Lehramt und wohnt mit seiner Familie mittlerweile in Stuttgart. Er will anonym bleiben.

•

Die Mordkommission kommt dem Konstruktionsmechaniker Dovchin D. über Ermittlungen in der Kneipe, in der sein zweites Opfer zum letzten Mal gesehen wurde, auf die ⟶

Spur und will im Februar 2017 seine Wohnung durchsuchen. Dovchin D. gesteht sofort und zeigt dem Ermittlerteam die Verstecke. Später kommt heraus: Die Angehörigen dieses Opfers hatten schon Monate zuvor eine Detektei beauftragt, die Vermisste zu finden. Die Detektei setzte mehrere Personenspürhunde ein, die tatsächlich in der Nähe des Hauses anschlugen.

Ein Jahr nach der Festnahme kommt Dovchin D. vor Gericht. Das Mordmotiv laut Anklage: Die Frauen wollten keinen Sex mit ihm, D. wurde wütend und tötete sie. Er sagt, er sei betrunken gewesen. Es wird auch deutlich: D. war in der Trinkerszene im Viertel bekannt, er war spielsüchtig und hatte in einer der Kneipen schon mal eine Frau bedrängt, woraufhin man ihn rausgeschmissen hatte. Eine ältere Dame aus der Nachbarschaft sagt aus, er habe sie mehrfach aufgefordert, mit ihm schwimmen zu gehen. Sie habe sich von ihm belästigt gefühlt.

„Ich war an den ersten drei Verhandlungstagen da, weil ich die Sache verarbeiten wollte. Es hat mich nicht psychisch belastet, eher gedanklich beschäftigt. Ich wollte verstehen, wieso er zwei Menschen das Leben genommen hat. Ich habe mich gefragt, woher das Böse in ihm kommt. Und ob er seine Taten vertuschen wollte, denn so muss es ja gewesen sein.

Am ersten Tag waren viele Leute da, die Anklage wurde verlesen, mit den ganzen Details. Das klingt jetzt bestimmt verstörend: Aber es half mir, das alles zu hören. Endlich Klarheit über die Grausamkeiten zu bekommen. Dovchin ist dagesessen und hat alles hingenommen. Mich hat er gar nicht erkannt, glaube ich.

Am zweiten Tag hat er über sich erzählt: von seiner Kindheit in der Mongolei, wo er von seinem Vater misshandelt wurde. Wie er nach Deutschland kam und mit einer Frau eine Tochter bekam. Dann trennten die beiden sich, es kam zum Streit um den Umgang mit seinem Kind, er war einsam und unglücklich. Dann hat er von seiner Alkoholsucht erzählt. Es war bitter, das alles zu hören.

Auch wenn es mir größtenteils glaubwürdig schien, wie er es schilderte, war es sicher auch eine Strategie der Verteidigung, dass er seine Biografie nur bis kurz vor den Morden erzählte. Und kein Stück weiter. Obwohl er zuvor geständig gewesen war. An den nächsten Verhandlungstagen bin ich nicht mehr hin.“

Jonathan. Er sagt, er habe mit der Sache abgeschlossen. In Dovchins Wohnung wohnt heute eine geistig eingeschränkte Frau, die von dem Fall weiß, aber wohl nicht ganz zuordnen kann, dass der Doppelmord in ihrer Wohnung geschah.

•

Während der Verhandlung treten Zeuginnen und Zeugen auf, die ein ähnliches Bild von Dovchin D. hatten wie seine Hausmitbewohnerinnen und -bewohner: nett, aber ⟶

Dovchin D., den Freunde und Nachbarn „Kurt" nannten, beging in seiner Wohnung zwei Morde. In diesem Loch im Keller verscharrte er Leichenteile

Foto: Jan Woitas/dpa-Zentralbild/Picture-Alliance

Alex Kukuk, 24,
zog nach den Morden ein

„Es sah aus, als wäre alles vorhin erst passiert. Offenbar fühlte sich niemand zuständig“

auch merkwürdig. Ein 61-Jähriger kam noch Anfang 2017 bei ihm in der Wohnung unter, kurz nachdem D. dort sein letztes Opfer erwürgt und zerteilt hatte. Der Mann nennt ihn „Kurti" und schüttelt ihm im Gerichtssaal die Hand, so schreibt es später eine Lokalzeitung. Mit „Kurti" habe es nie Probleme gegeben, sagt der Zeuge, er sei ein „richtiger Freund" gewesen.

Eine Zeugin hatte mit Dovchin D. in einer Sechser-WG gelebt, bevor er in das Haus von Lenki, Raffael und Jonathan zog. Sie erzählt vor Gericht, dass er bisweilen verstört gewirkt habe. Manchmal sei er ohne erkennbaren Grund ihr oder anderen in der Wohnung gefolgt und habe sich einfach neben sie gestellt.

Der Vorsitzende Richter fasst schließlich zusammen: „Auf der einen Seite ist er höflich, zurückhaltend und sich um vieles kümmernd, auf der anderen Seite ist er sehr aggressiv gegenüber Frauen."

Dovchin D. wird in einem ersten Prozess wegen zweifachen Mordes zu lebenslanger Haft verurteilt, das Gericht stellt die besondere Schwere der Schuld fest. In einem Revisionsverfahren wird die zweite Tat als Totschlag gewertet, die Schwere der Schuld muss noch geklärt werden. Bislang wäre ausgeschlossen, dass D. nach 15 Jahren auf Bewährung freikommt.

•

Ein Freitagabend im Jahr 2020, drei Jahre nach der Festnahme. Eine Bar in der Nachbarschaft. Hier hatte Dovchin D. sein erstes Opfer kennengelernt. Die Bar leuchtet neonblau in die kalte Leipziger Nacht. Innen römische Gottheiten aus leichtem Beton; die Sessel, die gerippte Tapete, alles blau bestrahlt. Es laufen Schlager von der „Gummibärchenbande", und es riecht nach Duftbäumchen, Richtung Rosenwasser.

Zwei Frauen im weißen Pelzmantel sitzen im Raucherraum und ziehen an langen, dünnen Zigaretten, im Hintergrund klimpern zwei Spielautomaten. Zwei Männer hocken an der Theke, die Kugelschreiber und Zollstöcke stecken noch in den Arbeitshosen, aber die Köpfe hängen bereits tief, es ist schon lange Feierabend. Einer trinkt einen „Joghurt", wie er auf Sächsisch sagt. Auch die Bedienung, vielleicht Mitte 40, sächselt stark, deutet auf das Getränk und erklärt, das sei eine „Pina Colada mit Baileys und Sahne".

Als sie auf den Doppelmord angesprochen wird, presst sie erst die Lippen aufeinander, antwortet dann aber fast schon druckreif:

„Ja, das ist gar nicht sicher, ob es ein Mord war. Das Verfahren läuft ja noch. Und deswegen kann ich keine Auskunft dazu geben."

Später am Abend redet sie dann doch, wenngleich nur kurz:

„Solche Dinge passieren. Es ist nicht wie im Film. Sondern es passiert einfach. Und deswegen gewöhnt man sich daran."

Sie erzählt von anderen Morden, die in der Gegend passiert sind, mitten in Leipzig, so etwas komme nun mal vor: „Aber diese Sache hier – damit hätte ich nie gerechnet."

„Im Herbst vergangenen Jahres bin ich in eine WG eingezogen. Am zweiten Abend saß ich mit meinen Mitbewohnern zusammen. Sie fragten mich, ob ich weiß, dass ich im ‚Mörderhaus' wohne. Sie haben mir dann erzählt, was in unserem Haus geschehen ist."

Alex Kukuk, 24, Student, wohnt im Erdgeschoss.

„Ich war total überrascht und fand die Vorstellung heftig, dass ein paar Stockwerke über mir eine Leiche zerteilt worden war. Und auch, dass die Leiche mit unserem Aufzug in den Keller gebracht wurde. Unser Keller ist ein Gewölbe, tiefe, dunkle Katakomben. Als ich zum ersten Mal dort unten gewesen bin, habe ich eine Taschenlampe mitgenommen und mich umgeschaut. Ich habe aber keinen Anhaltspunkt gesehen, zum Glück.

Einen Monat später haben mich Freunde besucht. Ich habe ihnen vom Mordfall erzählt, und wir haben gemeinsam Artikel aus der Lokalpresse gelesen. In einem stand der Keller beschrieben, in dem der Mörder Leichenteile versteckt haben sollte. Wir haben uns überlegt, ob wir nachsehen sollten, ob die Angaben in dem Artikel stimmen.

Das Schloss zum Abteil stand tatsächlich offen, und wir gingen dann hinein. Wir konnten es kaum glauben: Ziegelsteine lagen aufgereiht auf dem Boden neben einem etwa einen Quadratmeter großen Aushub. Im Artikel stand, dass man an dieser Stelle Leichenteile gefunden hatte. Wir waren sehr geschockt.

Es hat uns verwundert, dass im Keller noch Akten des Mörders lagen. Auch ein Kinderwagen stand da. Im Nachhinein finde ich es immer noch sehr seltsam, dass das Loch im Boden nicht einmal zugemacht worden war. Es sah aus, als wäre das alles vorhin erst passiert. Offenbar fühlte sich niemand zuständig."

Im Zuge der Recherche für diesen Artikel geht Alex noch einmal in den Keller. Eine Mitbewohnerin und ein Mitbewohner aus seiner WG begleiten ihn. Die beiden haben sich bislang noch nicht nach unten getraut. Sie sagen, dass sie bereits ein seltsames Gefühl überkomme, wenn sie daran denken, was dort unten geschah. Sie hoffen, mit einem Besuch im Kellergewölbe ihr Unbehagen zu verlieren: Vielleicht bringt ein Blick auf die Realität die Fantasie zum Schweigen. Sie stehen an der Tür zur Parzelle von Dovchin D. Sie ist leer, der Kinderwagen mittlerweile weggeräumt. Spinnweben hängen von der Decke, vorsichtig treten die drei ein.

„Warum zerteilt jemand eine Leiche? Ist das ein Fetisch?", fragt die junge Frau.

„Der Kopf lag ja im Loch. Der wollte die Identität vertuschen", vermutet ihr Mitbewohner, als er direkt in die kleine Grube schaut. „Sinnlose Idee. O Mann, traurig. Der Alkohol."

Dann gehen die drei zurück in die WG. Sie sind ein bisschen ratlos. Aber irgendwie auch beruhigt.

•

Um sich scheiden zu lassen, braucht eine orthodoxe Jüdin die Zustimmung ihres Mannes. Und wenn er die nicht geben will? In Brooklyn gibt es jemanden, der weiterhilft

BAD RABBI

VON **MATTHEW SHAER** ILLUSTRATIONEN **BRIAN STAUFFER**

STELLEN SIE SICH VOR, SIE SIND ...

... ein junger israelischer Mann namens Meir Bryskman. Es ist eine kühle Oktobernacht im Jahre 2010, und Sie sind gerade aus einem Bus gestiegen und stehen in der Innenstadt von Lakewood im US-Bundesstaat New Jersey. Sie ziehen Ihren dunklen Mantel enger um sich, bevor Sie nach Nordosten in Richtung des Metedeconk-Flusses gehen. Die Bürgersteige sind menschenleer, doch Sie waren schon mal hier in der Gegend und haben deshalb keinen Grund, nervös zu sein. Lakewood – im Laufe der Geschichte erst Eisenbahndrehkreuz, dann Eisenhütte, später Erholungsort für klaustrophobische New Yorker – ist heutzutage bekannt für die hohe Bevölkerungsdichte orthodoxer Juden, die sich in der Nähe der Beth Medrash Govoha niedergelassen haben, einer der größten jüdischen Hochschulen der Welt. Als Schreibkraft für hebräische Schriftstücke hat es Sie ebenfalls hierhergezogen. Nicht zuletzt damit Sie auch unter Ihresgleichen sind.

Kurz vor Mitternacht erreichen Sie das großzügige Backsteinhaus von David Wax, einem prominenten, ortsansässigen Rabbiner, der Sie für einige Arbeiten angeheuert hat. Sie werden herzlich begrüßt und in ein Schlafzimmer im ersten Stock geführt. Sie gehen davon aus, dort die nächsten paar Stunden mit dem Studium talmudischer Schriften zu verbringen.

Doch kaum haben Sie die Schwelle zum Schlafzimmer überschritten, schlägt Ihnen eine Faust ins Gesicht und zertrümmert Ihre Nase. Dann greifen zwei riesige Pranken Sie von hinten, hieven Sie von den Füßen und drücken Ihren Körper zu Boden. Lektion gelernt. Sie rühren sich nicht.

Nun also liegen Sie flach auf dem Bauch, die Augen verbunden, die Hände straff hinter dem Rücken gefesselt, die Knöchel zusammengeschnürt. Soweit Sie das beurteilen können, sind es drei Männer: die beiden Angreifer, deren schroffe Stimmen Sie nicht erkennen, und David Wax, dessen nasaler Tonfall Ihnen wohlbekannt ist. Sie hören, wie die Tür geschlossen wird und wie sich Schritte im Flur entfernen. Einen Augenblick lang glauben Sie, das Schlimmste sei vorbei. Doch Sie irren sich. Denn prompt öffnet sich wieder die Tür, und Sie spüren, wie Ihre Arme mit schwerem Draht umwickelt werden. Erst fangen Ihre Hände an zu kribbeln, dann werden sie langsam taub.

Bevor die Dämmerung über Lakewood hereinbricht, werden Sie mit diversen Foltermethoden gequält. Ihnen wird ein Leichensack präsentiert – „damit Sie sich an die Größe gewöhnen". Sie werden mit Säure übergossen und spüren, wie sich die Flüssigkeit in Ihre Haut einbrennt. Man wird Ihnen drohen, Sie in das abgelegene Gebirge der Poconos zu verfrachten, wo Sie bei lebendigem Leibe von Ratten gefressen werden sollen. Man wird Ihnen befehlen, sich nicht zu bewegen; es sei denn, Sie wollen, dass Ihnen ein Strom von Pisse über die Stirn rinnt.

Und man wird Ihnen erklären, dass die Qualen, die Folter, die peinliche Schmach erst endet, wenn Sie sich bereit erklären, ein sogenanntes „Get" zu unterschreiben, den Scheidebrief, der Ihre Frau aus der Ehe entbindet. Die Wahl ist einfach, sagen Ihre Entführer: „Scheidung oder Begräbnis."

In jüdisch-orthodoxer Tradition wird der Ehebund geschlossen, indem ein Mann und eine Frau ihre Namen in die Ketuba eintragen, den traditionellen jüdischen Ehevertrag, wobei beide wissen, dass nur der Mann als Oberhaupt des Haushalts die Beziehung beenden darf. Weigert sich der Ehemann, in die Scheidung einzuwilligen, wird aus seiner ihm machtlos ausgelieferten Gattin eine „Aguna", eine „Angekettete".

Bryskmans Ehefrau beteuerte, zu genau solch einer Aguna habe ihr Mann sie gemacht. Einige Monate zuvor hatten sie und Meir sich vor dem Rabbinatsgericht in Israel einen besonders erbitterten Scheidungskampf geliefert. Daraufhin

Dieser Text erschien erstmals im September 2014 in der amerikanischen GQ

zog sie aus dem gemeinsamen Haus aus, nahm die Kinder mit und verbot ihrem Mann, sie zu sehen. Sie behauptete, er sei als Vater untauglich, und bestand auf der Scheidung. Er verweigerte die Zustimmung.

Auf Anraten seines Rabbiners flog Meir Bryskman von Israel aus in die Vereinigten Staaten, wo einige seiner Familienmitglieder lebten. In dieser Nacht in Lakewood musste er jedoch feststellen, dass er seine Eheprobleme keineswegs in Israel hinter sich gelassen hatte. Die Zwistigkeiten waren ihm über den Atlantik gefolgt.

Als Meir durch ein winziges Loch in der Augenbinde spähte, sah er David Wax mit einem aberwitzig großen, weißen Cowboyhut vor ihm stehen. „Gefällt Ihnen mein Hut?", fragte der Rabbiner, ehe er ihm ein paar Tritte in die Rippen versetzte. Bryskman hob seinen Kopf, Blut ergoss sich auf den Boden.

„Sie ruinieren meinen Teppich!", brüllte Wax. Inzwischen reichlich verängstigt, stimmte Bryskman den Bedingungen seines Peinigers zu. Er werde in die Scheidung einwilligen, dem Get zustimmen. Er werde alles tun, um sein Leben zu retten.

Das Dokument, das er unterschreiben sollte, besteht lediglich aus zwölf Zeilen, entsprechend dem numerischen Wert des Wortes Get, das sich aus den Buchstaben gimel *(entspricht der Drei)* und tet *(entspricht der Neun)* zusammensetzt. Es soll mit Gänsekiel in schwarzer, reiner Tinte geschrieben, darf weder radiert noch durchlöchert und muss länger als breit sein. Die Erklärung wird von einem erfahrenen Schriftgelehrten in perfekter hebräischer Quadratschrift verfasst und mündet in dem Kernsatz:

... Und jetzt sei losgelöst, entlassen und geschieden von mir, sodass dir erlaubt sei, über dich selbst zu verfügen und jeden Mann zu heiraten, den du willst, und kein Mann soll dich in meinem Namen daran hindern ...

Um drei Uhr morgens drängte der Rabbiner Bryskman die Treppe hinunter und schob ihn in ein wartendes Taxi. Wax befahl dem Fahrer, sie beide nach Brooklyn zu bringen. Von unterwegs aus rief er Bryskmans Vater Zalman in Israel an. Wax sagte, er habe dort ein Team vor Ort. Um seiner Behauptung Nachdruck zu verleihen, erwähnte Wax einen Schnellimbiss, in dem der Vater kürzlich gegessen hatte. Er drohte, falls der Vater nicht unverzüglich 100 000 US-Dollar an die Familie von Bryskmans Frau überweise, würde er sowohl Bryskman als auch den Vater umbringen lassen. „Für Sie gibt es ein besonderes Geschenk", sagte er zum Vater. „Man nennt es eine Kugel ... in Ihren Kopf."

Bryskman wurde blutverschmiert und unter Schmerzen vor der Wohnungstür seines Cousins im Zentrum von Brooklyn deponiert. Währenddessen kehrte Wax nach Lakewood zurück, offensichtlich ohne die geringste Sorge, Bryskman könne ihn möglicherweise verraten. Er wusste schließlich, dass ultraorthodoxe Juden es für blasphemisch halten, säkulare Behörden in einen Streit einzubeziehen, der nach ihrem Rechtsempfinden in der eigenen Gemeinde beigelegt werden sollte.

Zu diesem Zeitpunkt scherte Bryskman sich allerdings wenig um solche Regularien.

Später am selben Tag erzählte Bryskman mehreren Polizeibeamten, die sich vor seinem Krankenbett im Maimonides Medical Center in Brooklyn versammelt hatten, was ihm zugestoßen war. Daraufhin stellten die Strafverfolgungsbehörden einen Durchsuchungsbefehl aus. Der Rabbiner David Wax wurde verhaftet und sein Haus in Lakewood durchkämmt. Im oberen Stockwerk fanden die Ermittler den riesigen weißen Cowboyhut und eine Rechnung vom Teppichgeschäft „Step on Me Carpet & Flooring" über 1311,10 US-Dollar für die äußerst dringliche Verlegung eines Teppichs.

Wax, behaupteten die Staatsanwälte später, sei Teil eines Verbrechersyndikats, das „Menschen entführte und folterte, sie verprügelte und fesselte, mit Taserwaffen und elektrischen Viehtreibern traktierte, bis es bekam, was es wollte". Er sei Mitglied in einer Gruppe von angeheuerten Schlägern, die mutmaßlich bereits seit Jahrzehnten scheidungsunwillige Ehemänner in New York und den benachbarten Staaten New Jersey und Connecticut entführten und gewalttätig bedrohten, und zwar in der Größenordnung von einem erzwungenen Get pro Jahr.

Im Mai bekannte sich David Wax schuldig, was seine Rolle bei der Entführung von Meir Bryskman betraf. Vor Gericht fügte er allerdings hinzu, dass er den Anschlag im Auftrag eines anderen begangen habe. Und zwar auf Weisung eines Mannes, der vorgab, Drahtzieher der Bande der Entführer von Scheidungsunwilligen zu sein. Dieser Mann war bekannt als der „Prodfather", eine Anspielung auf den Paten, den „Godfather", zu dessen Waffen- ⟶

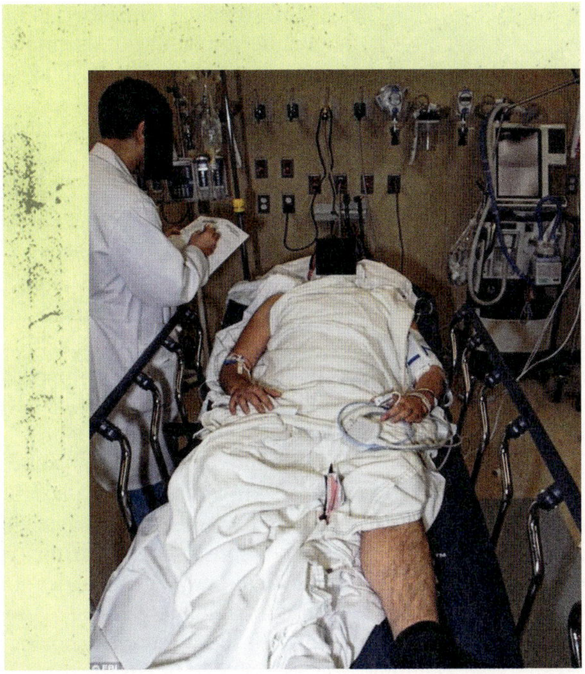

Dieser Notaufnahme-Patient hatte sich nicht von seiner Frau trennen wollen. Doch fromme Männer hatten ihn überzeugt

arsenal in diesem Fall aber ein elektrischer Viehtreiber, ein „cattle prod", gehörte: ein 69-jähriger Vater von acht Kindern und Großvater von 44 Enkeln mit grauem Bart und zerzaustem Haar. Sein Name: Rabbi Mendel Epstein.

IN UNSERER SÄKULAREN WELT GEHEN WIR BEZIEHUNGEN FREIWILLIG EIN, und wir verlassen sie auch wieder aus freien Stücken. Unsere gesamte romantische Vorstellung basiert auf diesem Prinzip. Wir wählen unsere Partner, und wenn wir es vermasseln oder wenn der Partner es vermasselt oder es einfach nicht funktioniert, dann können wir problemlos Lebewohl sagen. Kein Rabbinatsgericht und keine uralten Gesetze hindern uns daran.

In seinem 1989 erschienenen Buch „A Woman's Guide to the Get Process" *(Ein Leitfaden für Frauen zur Erlangung des Scheidebriefs)* schreibt Rabbi Epstein, dass Menschen in nicht orthodoxen Kreisen „sich oft leichthin scheiden lassen, bloß weil sie nicht kompatibel oder unreif sind oder weil ihre Karriere sie vereinnahmt oder aus Wollust. Aber das gilt keinesfalls in der religiösen Welt. In mehr als 30 Jahren Tätigkeit als Berater habe ich noch nie ein ‚frum', also ein frommes Ehepaar, kennengelernt, das sich allein wegen Unvereinbarkeit scheiden ließ. Wenn fromme Menschen die Scheidung einreichen, dann deshalb, weil einer der Ehepartner den anderen missbräuchlich behandelt und der Gesunde von beiden sich körperlich und seelisch bedroht fühlt."

Seit mindestens drei Jahrzehnten gilt Epstein als der gefurchtetste Scheidungsanwalt in der „Kommune der schwarzen Hüte" von New York und New Jersey, einer losen Ansammlung chassidischer Sekten und orthodoxer Gemeinden, die von Brooklyn und Lakewood reicht bis zu den ländlichen Gebieten 140 Kilometer nördlich von New York City. Und doch hat er nie Jura studiert. Er besitzt auch keine Zulassung als Anwalt, weder im Staat New York, New Jersey noch anderswo.

Rabbi Mendel Epstein, Vater von acht Kindern, Großvater von 44 Enkeln, Gelehrter des jüdischen Rechts – und irgendwie auch ein Feminist

Epstein ist ein to'ein, ein Rechtskundiger in Eheangelegenheiten am dreiköpfigen Rabbinatsgericht, dem Beit Din oder „Haus des Rechts". In der orthodoxen Gesellschaft, die so abgeschottet leben kann, dass sie ihre eigene, nicht offizielle Polizeitruppe beschäftigt, dient der Beit Din sowohl als Bagatell-Gericht wie auch als Beratungsdienst. Wer Schwierigkeiten hat, ausstehende Schulden bei seinem geizigen Nachbarn einzutreiben, wendet sich an einen Beit Din. Braucht man einen Rat, wie die Mutter beerdigt werden muss, geht man zum Beit Din. Und will man sich scheiden lassen, bekommt man den Get beim örtlichen Beit Din.

Das Problem beginnt, wenn ein Ehemann sich weigert, an dem Get-Prozess teilzunehmen. Plötzlich steht seine Frau allein da. Möglicherweise wurde sie zu einer arrangierten Hochzeit gezwungen und hat nun eine Horde Kinder am Hals und kein eigenes Geld, geschweige denn genug Bildung oder Mittel, ihren eigenen Lebensunterhalt zu verdienen. In ultraorthodoxen Kreisen, wo Männer immer die Brotverdiener sind, ist die Eigenständigkeit der Frau so gut wie ausgeschlossen. Plötzlich wird aus ihr eine Aguna, angekettet an eine Ehe, die faktisch tot ist.

Situationen wie diese sind Epsteins Spezialgebiet. Sein Ruf gründete sich darauf, gefangene Frauen aus der Ehe zu befreien, und nach eigenen Angaben betreute er bereits 2000 solcher Fälle persönlich. Sein Erfolg, so rühmte sich Epstein, bestehe lediglich darin, „die richtigen Strippen zu ziehen und den Ehemann so in Rage zu bringen, dass er sich aus seiner selbst auferlegten Zwangslage befreien will". Je nachdem, wie viel die Kundinnen zu zahlen bereit sind, reichen die richtigen Strippen von einfacher Belästigung (in seinem Buch erinnert sich Epstein an eine Episode, bei der er einem Ehemann in einen Tanzklub folgte und so lange dort blieb, bis der Meschuggene mit hochrotem Kopf und voller Scham die Feder zu Papier brachte) bis hin zu „alternativen Maßnahmen", also Gewalt. Für seine Feinde ist er ein Schikanierer und ein Rowdy. Aber für seine Bewunderer ist er ein Held und ein Befreier.

Als solcher hat Epstein kaum versucht zu verbergen, was er tut. In orthodoxen Zirkeln ist seine Tätigkeit nicht nur ein offenes Geheimnis, sie scheint sogar allgemein bekannt. „Lange Zeit", sagt Monty Weinstein, ein Therapeut aus New York, der häufig orthodoxe Patienten berät, „war es immer sein Name, der auftauchte. Er verprügelte Kerle, verpasste ihnen blutige Nasen und benutzte elektrische Viehtreiber. Er befehligte eine Bande von Schlägern, schnappte die Leute direkt von der Straße und steckte sie in einen Lieferwagen."

Epstein, glockenförmige Figur, hervorquellende blaue Augen unter einer breiten Stirn im faltigen Gesicht, spricht mit einem typisch rauen New Yorker Dialekt, untermalt mit jiddischen Ausdrücken. Er zitiert oft und gern den jüdischen Philosophen und mittelalterlichen Gelehrten Maimonides („Eine Frau ist keine Gefangene, die gezwungen werden sollte, mit einem Mann zu leben, den sie hasst") und die alte jüdische Weisheit: „Ein adam dor im nachash bekefifa achas – Man kann nicht mit einer Schlange leben."

Vor einiger Zeit erzählte mir eine ultraorthodoxe Frau namens Henny Kupferstein von ihrer arrangierten Heirat im Alter von 18 Jahren mit einem Mann, den sie bald als kontrollierendes Monster erlebte. „Man bläute mir ein, der einzige Grund, warum man auf dieser Welt ist, sei der, dem Ehemann zu dienen", sagte Kupferstein, deren runde Wangen leuchteten wie polierte Äpfel. Sie hatte wunderschönes, langes braunes Haar und wies explizit darauf hin, dass es ihre eigenes sei, nachdem sie jahrelang den Schädel rasiert und eine Perücke getragen habe, so wie es unter verheirateten „frum" ⟶

Foto: Mel Evans/AP/DPA/Picture Alliance

Frauen üblich sei. „Es kam mir niemals in den Sinn, dass es für mich einen Ausweg geben könnte", sagte sie. „Ich wollte als Teenager heiraten und jedes Jahr ein Baby bekommen und mit 39 Jahren bereits Großmutter sein. Es würde wunderbar sein. Nicht wunderbar war allerdings, wie mein Leben dann verlief. Meine Ehe war ein Albtraum, der 14 Jahre andauerte."

Eines Tages verließ Kupferstein ihren Ehemann. Doch der verweigerte ihr den Get, und im Alter von 32 Jahren wurde sie quasi ausgestoßen, „abgeschnitten von allen und jedem. Kleine Kinder überquerten die Straße, um mir aus dem Weg zu gehen. Ich war eine Ausgestoßene."

Kupferstein wandte sich an Rabbi Epstein, der die verzweifelte Frau in seinem Wohnzimmer in Brooklyn empfing. Das Licht war gedämpft, auf den Tischen stapelten sich Papiere und Schriftstücke. An den Wänden hingen Porträts der Gemeindevorsteher und Fotos von Epstein, wie er verschiedenen orthodoxen Würdenträgern die Hand schüttelt.

Kupferstein wurde zu einem Stuhl geführt. Sie fühlte sich sofort wohl, endlich war sie in der Anwesenheit von jemandem, der sie verstand.

Epstein, beschrieb es Henny Kupferstein, „schien ein tiefes Verständnis für die Emotionen von Frauen zu haben. Er empfand Mitgefühl, als ich erklärte, warum meine Ehe in die Brüche gegangen war. Er nickte zustimmend. Und dieses Nicken machte mir Mut und gab mir das Gefühl, dass ich im Recht war. Und das war weit mehr als das, was man von anderen Männern in der Gemeinde zu hören bekam. Dieser Mann trug zwar einen Rabbiner-Bart, aber er verstand meine Nöte."

Wenige Monate später wurde Kupferstein mit Epsteins Hilfe aus ihrer Ehe entlassen – unblutig – und nach einer Reihe von Anhörungen vor dem örtlichen Beit Din. Falls die Angelegenheit vor dem Rabbinatsgericht nicht in ihrem Sinne entschieden worden wäre, davon ist Kupferstein überzeugt, hätte Epstein zu seinen „außergewöhnlichen Maßnahmen" gegriffen, wie er selbst seine eher rabiaten Methoden beschreibt. Sie hätte lediglich ein Wort sagen müssen.

Außerhalb jüdisch-orthodoxer Kreise erlangte Epstein erstmals Ende der 1990er Jahre einen zweifelhaften Ruf. Damals gingen mehrere Männer, alle befanden sich inmitten von Scheidungs- und Sorgerechtsstreitigkeiten, an die Öffentlichkeit mit wilden Geschichten über hinterhältige Übergriffe durch maskierte Verbrecher. Eines der Opfer bekam eine Kugel in den Hintern, ein anderer erlitt Verbrennungen im Gesicht. Und alle beschuldigten Epstein und einen seiner Kollegen, den verehrten orthodoxen Rabbiner Martin Wolmark. Für Ehemänner, die in ihrem tiefsten Herzen glaubten, die Frau sei dazu bestimmt, dem Manne untertan zu sein, und die diese ganze Aguna-Problematik für eine Frage übertriebener säkularer politischer Korrektheit hielten, wurde Epstein zum Buhmann. Er verkörperte den böswilligen Geist aus alten jiddischen Volksmärchen, den Dibbuk. Und dieser Totengeist sollte auf keinen Fall die eigene Türschwelle verdunkeln.

Und wie bei einem Dibbuk schien es unmöglich, Epstein mit irdischen Mitteln zu Fall zu bringen. Anschuldigungen prallten an ihm ab. Teilweise lag das daran, dass viele Gemeindemitglieder nicht wollten, dass man ihren hochgeschätzten to'ein erwischt. Er mochte zwar ein Raubein sein, aber er galt gleichzeitig auch als Verfechter von Frauenrechten. „Ich kam zu der Überzeugung, dass Epstein ein hochgradig soziopathischer Mensch war", sagte Kupferstein. „Er war in beiden Welten zu Hause: in der religiösen und in der kriminellen. Er liebte seine eigenen Kinder, er liebte seinen Gott, er war fähig zu lieben, aber gleichzeitig auch zu kriminellen Taten imstande. Es war fast wie in der Serie ‚Breaking Bad'."

AM 14. AUGUST 2013 TAUCHTEN ZWEI POTENZIELLE KLIENTEN vor der Tür eines Hauses in Lakewood auf, das Epstein gehört. Es war ein Geschwisterpaar, das wir der Einfachheit halber Ben und Leah nennen. Epstein, gekleidet in seiner traditionellen Kluft aus schwarzem Mantel, weißem Hemd und schwarzer Hose, bat sie hinein. Ben erklärte Epstein, dass er einige Jahre zuvor seine Schwester einem seiner Partner im Immobiliengeschäft vorgestellt habe, einem Mann, dem wir hier den Namen Moshe geben.

Ben mochte Moshe, und Leah mochte Moshe, und anfänglich schien das Paar auch von Gott gesegnet worden zu sein. Doch kurz nachdem ihr Bund vollzogen war, zeigten sich Risse in der ehelichen Fassade. Moshe hatte finanzielle Probleme, was die fromme Leah beunruhigte; schlimmer noch, er wollte keine Kinder. Leah entschied, sich scheiden

DER RABBI HAT EINE REGEL: MÖGLICHST KEINE SPUREN

zu lassen. Aber es gab einen Haken: Ben und Moshe waren noch immer Geschäftspartner, und Moshe war sinnigerweise eingefallen, dass Ben ihm Geld schuldete.

Inzwischen, so berichteten sie dem Rabbi, sei Moshe in Südamerika abgetaucht und weigere sich, dem Get zuzustimmen, bis die Schulden zurückgezahlt seien.

Epstein erklärte ihnen, ganz abgesehen von der logistischen Herausforderung bleibe noch die Frage des Geldes. Eine Aguna zu befreien sei keine billige Angelegenheit. Ben und Leah müssten zehn Riesen an das Rabbinatsgericht zahlen, das ihren Fall übernimmt, und zusätzlich 50 000 bis 60 000 US-Dollar an die „knallharten Burschen", die dem renitenten Moshe das Scheidungsdokument abringen sollten.

Es entstand ein Plan: Moshe sollte unter Vorspiegelung falscher Tatsachen nach New Jersey zurückgelockt und dann auf die Ladefläche eines Kleintransporters geworfen werden. „Im Grunde genommen entführen wir den Typen für ein paar Stunden, verprügeln und foltern ihn und bringen ihn schließlich dazu, dem Get zuzustimmen", erläuterte Epstein.

Ben war skeptisch. Er kenne seinen Geschäftspartner. Moshe sei nicht der Typ Mann, der so leicht klein beigeben werde. „Überlegen Sie doch einen Moment", sagte Epstein. „Ich garantiere Ihnen: Wenn Sie es wären, der hinten im Transporter säße, würden Sie einwilligen. Sie lieben Ihre Frau vermutlich, aber wenn meine Jungs mit Ihnen fertig sind, unterschreiben auch Sie die Dokumente." Er fügte hinzu: „Falls alles gut geht, kommt er sogar ohne Kratzer davon."

„Sie können ruhig Spuren hinterlassen", sagte Ben und lachte.

„Nein, nein, nein. Wir …", erwiderte Epstein. Ben unterbrach: „Ich weiß. Ich verstehe, wie Sie das meinen." Epstein erklärte es ihm sicherheitshalber noch einmal: „Uns ist lieber, keine Spuren zu hinterlassen. Denn wenn das Opfer zur Polizei geht und die sich den Typen anschauen …" Weiter musste Epstein das nicht ausführen.

Der Rabbi sagte, er wende keine blutigen Methoden an, „wir benutzen einen elektrischen Viehtreiber …"

„Elektrischer Viehtreiber?", fragte Leah.

Darauf Epstein: „Wenn es einen tonnenschweren Bullen dazu bringt, sich zu bewegen …" Kurze Pause. „Man muss das Gerät nur in bestimmte Körperöffnungen stecken, und schon weiß der Typ Bescheid."

Das reichte Ben und Leah. Sie hatten genug gehört und heuerten Mendel Epstein auf der Stelle an.

Zwei Monate später, am 9. Oktober 2013 um acht Uhr morgens, hielten zwei dunkle Minivans hinter einem heruntergekommenen Lagerhaus im Hafenviertel von New Jersey, wo Ben wartete. Die Anzahlung von 20 000 Dollar hatte er bereits an Epstein überwiesen. Die restliche Summe sollte nach vollzogener Dienstleistung bezahlt werden.

Das Team ging den Plan ein letztes Mal durch: In wenigen Minuten sollte Ben seinen Geschäftspartner Moshe abholen, der aus Südamerika in dem Glauben eingeflogen war, ihm werde ein neues Grundstück gezeigt. Sobald er im Lagerhaus angekommen war, sollten sich die Schläger auf ihn stürzen. Das Wichtigste allerdings war, Moshe von den Fenstern fernzuhalten, damit niemand von außen etwas Verdächtiges sehen könne.

Ben schaute zu, wie die Männer ihre Arbeitskleidung vorbereiteten. Einige trugen schwarze Skimasken. Andere hatten sich →

Halstücher über Mund und Nase gezogen, sie sahen aus wie Banditen aus dem Wilden Westen. Ein Mann trug eine Zombie-Maske, ein anderer ein schwarzes Metallica-T-Shirt. Ein dritter hatte sich einen Müllsack über den Oberkörper gestülpt – womöglich als Schutz gegen Blutspritzer, falls die Überzeugungsarbeit bezüglich des Scheidungsbriefs in diesem Fall doch Spuren hinterlassen sollte.

20 Minuten später verließ Ben die Halle und ging zu seinem Auto. Um 8.23 Uhr hörten die acht Männer im Lagerhaus ein Geräusch an der Tür. Binnen weniger Sekunden wurden sie von einem Spezialeinsatzkommando des FBI überwältigt. Schreie ertönten, das Quietschen von dicksohligen Stiefeln, die Scheinwerfer der Strafverfolger leuchteten grell. Die angeheuerten Schläger hoben die Hände und ergaben sich.

Die FBI-Agenten schwärmten aus, um das Gebäude zu durchsuchen. In einer Ecke fanden sie eine Vielzahl von Schreibutensilien, Federkiele, Tinte und Papier, um den Get zu dokumentieren, außerdem ein Seil, einen Schraubenzieher und – was nichts Gutes ahnen ließ – einige chirurgische Seziermesser.

Während die Gegenstände in der Lagerhalle von Beamten eingetütet wurden, durchsuchten andere Ermittler die Häuser der mutmaßlichen Mitglieder des Entführerkartells, darunter diejenigen von Epstein und Wolmark – in der Hoffnung, genügend Beweise zu sammeln, um den „Prodfather“ lebenslang hinter Gitter zu bringen.

Das FBI kommt in der Nacht. Es durchsucht das Haus von Mendel Epstein. Auch in anderen Gebäuden finden die Beamten Beweisstücke wie diese Zombie-Maske

Epstein hätte sich nie vorstellen können, im Zentrum einer so groß angelegten verdeckten Operation zu stehen. Er war auf ganzer Linie getäuscht worden. Es hatte niemals einen geldgierigen Moshe gegeben mit einem Interesse an Immobilieninvestitionen. Es hatte niemals die Aguna Leah gegeben oder den fürsorglichen Bruder Ben. Es gab nur „Ben“ und „Leah“, verdeckte Ermittler des FBI, die im Büro der Sicherheitsbehörde in Newark arbeiteten.

Ihre vielen Unterhaltungen mit Epstein, sowohl die persönlichen Begegnungen als auch die Telefonate, hatten Ben und Leah vorsorglich mit einem Bandgerät aufgezeichnet. Die daraus resultierenden Protokolle, die in den Gerichtsunterlagen ausführlich dokumentiert sind, bildeten die Grundlage für diese Geschichte und lieferten eine „erdrückende Beweislage“ gegen Epstein, wie Joseph Gribko, der stellvertretende Staatsanwalt, sagte. Auf den Bändern beschreibt Epstein nicht nur, was seine Männer Moshe antun werden, sondern auch genau, was er dafür an Bezahlung erwartet. Er war sich seiner Sache sicher. Zu sicher.

Sechs der acht Männer, die sich am 9. Oktober in der Lagerhalle aufhielten, bekannten sich schuldig, die bundesstaatlichen Grenzen übertreten zu haben, um Erpressung zu begehen. Ihre Aussagen gegenüber den Strafverfolgungsbehörden sowie die Bandaufnahmen der FBI-Agenten Ben und Leah ergaben nach Ansicht der Staatsanwaltschaft das klare Bild einer Organisation, die an die Straßengangs der Bloods und Crips und sogar an die Mafia erinnert.

Im Mai 2014 wurden Epstein und Wolmark vor einem Geschworenengericht in mehreren Fällen wegen Entführung angeklagt. Ihnen drohten jeweils Haftstrafen zwischen 25 Jahren und lebenslänglich. Epstein war zu diesem Zeitpunkt 69 Jahre alt, und sein Gesundheitszustand verschlechterte sich zusehends. Er war fettleibig, litt an erhöhtem Blutzucker und hatte bereits eine Operation am offenen Herzen hinter sich. Da er fürchtete, hinter Gittern zu sterben, war er entschlossen, zu kämpfen. Epstein und Wolmark bekannten sich beide für nicht schuldig.

In einer Erklärung per E-Mail deutete Epsteins Anwalt, Robert G. Stahl, an, dass zumindest ein Teil seiner Verteidigungsstrategie darin bestehen werde, Epstein selbst als den Benachteiligten darzustellen. „Wenn alle Fakten und Beweise ans Licht kommen, wird es offensichtlich sein, dass die Regierung auf der falschen Seite einer schrecklichen sozialen Ungerechtigkeit steht“, schrieb Stahl. „Indem die Regierung sich in eine komplizierte religiöse Angelegenheit einmischt, stört sie die komplexen religiösen Prinzipien des jüdisch-orthodoxen Ehe- und Scheidungsprozesses. Rabbi Epstein hat seit fast 30 Jahren zahlreichen misshandelten Frauen

Foto: Michael Nagle/The New York Times/Redux/Laif

geholfen und verschaffte ihnen gleichberechtigte Ausgangsbedingungen in einer von Männern dominierten religiösen Welt.“

Das Schwurgerichtsverfahren wurde für Anfang 2015 in New Jersey angesetzt. In der Zwischenzeit war Epstein auf freiem Fuß. Die Kaution von einer Million Dollar hatte hauptsächlich seine Familie gestellt.

Unterdessen war Epsteins Haus in Brooklyn verrammelt und verschlossen, die Fenster seines ehemaligen Büros mit Sperrholz vernagelt und mit Graffiti besprüht worden. Trotz einer richterlichen Ausnahmegenehmigung, die Epstein den regelmäßigen Besuch einer nahe gelegenen Synagoge erlaubte, schien sich der Rabbi mit Frau und Familie zurückgezogen zu haben. Er mied die Öffentlichkeit und lehnte jede Bitte nach einer Stellungnahme in dem Fall ab.

ANFANG MAI BESCHLOSS ICH, VON NEW YORK NACH NEW JERSEY ZU FAHREN, um ihn zu treffen. Es war ein stürmischer Tag. Entlang der von Bäumen gesäumten Seitenstraßen von Lakewood rauschte Regenwasser durch die Rinnsteine. Ich parkte meinen Wagen am Ende einer Sackgasse in der Nähe des Stadtzentrums und folgte dem betonierten Pfad, der zu Epsteins Haustür führte.

Das zweistöckige Haus mit dem lehmfarbenen Anstrich und den beschädigten schwarzen Fensterläden sah verwahrlost aus. Müll lag verstreut im Vorgarten, und auf der Veranda stapelten sich vergilbte Zeitungen. Ich klopfte an, klingelte, erhielt aber keine Antwort. Ich ging zurück zu meinem Wagen und wartete.

Wenige Minuten später beobachtete ich, wie sich hinter einer Scheibe im oberen Stockwerk etwas bewegte. Epstein schaute aus dem Fenster. Sein Gesicht war aufgedunsen und blass, seine weißen Haare zerzaust. Nur ein Narr würde versuchen, seine Gedanken zu lesen, doch es war unmöglich, die Schwermut zu ignorieren, die von diesem einst so mächtigen Mann ausging. Das war also der Lebensabend eines selbst ernannten Helden. In der Nachbarschaft waren alle Spuren von ihm ausradiert, dort, wo er einst seinen Willen so unerschrocken und verwegen ausgeübt hatte. Nun war er gefangen in einem Haus umgeben von Müll. Er machte sich nicht mal mehr die Mühe, seine Haare zu kämmen. Während ich ihn ansah, zog er die Jalousien zu. ●

Aus dem Amerikanischen von Annette Streck

EPILOG *Am 15. Dezember 2015 wurde Rabbi Mendel Epstein zu zehn Jahren Gefängnis verurteilt. Richterin Freda Wolfson sagte, das Urteil sei notwendig, um andere in der orthodoxen jüdischen Gemeinde von dieser Art „bezahlter Selbstjustiz“ abzuhalten. In einer zehnminütigen Ansprache vor Gericht räumte Epstein ein, „peinlich berührt und beschämt“ zu sein. Im Laufe der Jahre sei er wohl seinem Image als „knallharter Kerl“ verfallen. Doch er stellte auch fest: „Ehrlich gesagt hat mir mein Ruf geholfen, viele dieser infamen Ehemänner davon zu überzeugen, das Richtige zu tun.“*

„MEA CULPA, MEA CULPA,

Adelheid Kastner trifft Menschen, die anderen alles genommen haben.

MEA *MAXIMA* CULPA"

Ein Gespräch über Schuld

Die Psychiaterin im Kepler-Universitätsklinikum der österreichischen Stadt Linz

INTERVIEW **ANETTE LACHE** FOTOS **PHILIPP HORAK**

Frau Kastner, 2019 erschoss ein junger Mann in Kitzbühel seine 19-jährige Ex-Freundin, deren Eltern und Bruder sowie einen Freund. Er entschuldigte sich später im Gerichtssaal unter Tränen, es tue ihm „unendlich leid". Jede Nacht habe er die Bilder von der Tat vor seinem geistigen Auge. Sie waren die psychiatrische Gutachterin in diesem Verfahren. War das ehrliche Reue oder lediglich Selbstmitleid?

Von Selbstmitleid würde ich in diesem Fall nicht sprechen. Damit täte man dem Mann unrecht. Ich habe seine Worte auch nicht als Taktik empfunden oder als vom Anwalt initiiert – auch wenn ihm unterstellt worden ist, er habe da eine Show abgeliefert.

Kann man überhaupt passende Worte finden, wenn man fünf Menschen getötet hat?

Das ist unmöglich. Einerseits klingt alles, was der Täter sagt, viel zu banal dafür, dass mehrere Personen tot sind. Andererseits kann er aber kaum etwas anderes sagen, als dass er sich schuldig fühlt. Dass er das Geschehene am liebsten rückgängig machen würde, dass er es bereut. Egal, welche Worte er wählt: Sie werden in ihrem Gewicht nie den Taten entsprechen.

In Kitzbühel untersuchen Ermittler das Haus, in dem am 6. Oktober 2019 fünf Menschen getötet wurden

In diesem Fall gab es keine psychiatrische Diagnose, der Täter war – um es mit Ihren Worten zu sagen – „völlig normal". Er wusste also, was Recht und Unrecht sind?

Er hätte auch anders handeln können, ja. Das mag für viele das Erschreckendste sein.

Losgelöst von dem Kitzbühel-Fall: Woran erkennen Sie, dass das Schuldbekenntnis oder die Entschuldigung eines Täters nicht nur Taktik sind?

Weniger an der Verwendung von bestimmten Worten als vielmehr an der begleitenden Mimik, der Stimmlage und der Körperhaltung. Wenn es um die Schuld an einem gravierenden Delikt geht, ist es wenig glaubhaft, wenn derjenige von seiner Schuld spricht und dabei durchgehend aufrecht und unbeteiligt dasitzt.

Was ist glaubwürdiger?

Wenn er unruhig wird, auf dem Stuhl hin und her rutscht, in sich zusammensackt oder zu schwitzen anfängt. Diese Dinge kann man in der Regel nicht steuern, sie sind aber gleichwohl Teil der Kommunikation.

Wie sieht es mit Weinen aus?

Nicht alle Menschen können das. Wenn ein Beschuldigter nicht in Tränen ausbricht, sagt das noch nichts über seine Schuldgefühle. Er kann trotzdem welche haben.

Was kommt besser an bei Richtern und Geschworenen: ein Gefühlsausbruch, die große Entschuldigung – oder eher Selbstkontrolle?

Ich könnte mir vorstellen, dass dem Gericht der pragmatische Zugang lieber ist. Wenn der Angeklagte ewig herumschluchzt, endlose emotionale Darbietungen abliefert, dann behindert das ja womöglich das Verfahren.

Schon in der Bibel ging es um Schuld, Buße und Sühne. Wie bibelfest sind Sie? Fällt Ihnen ad hoc ein passender Bibelvers ein?

Spontan denke ich an die Worte aus dem Confiteor, das seit Jahrhunderten in der katholischen Kirche gesprochen wird: Mea culpa, mea culpa, mea maxima culpa – durch meine Schuld, durch meine Schuld, durch meine große Schuld. Auch in unserem Alltag bekommen wir dieses mea culpa ja manchmal zu hören, und es klingt nicht selten dramatisch und unecht. Ich kann auch meinen Narzissmus ausleben, indem ich meine Schulddarbietung maximiere, mich so darstelle, als sei ich der Schuldigste überhaupt.

In der Bibel steht ebenfalls: Wer einen Menschen schlägt, dass er stirbt, der soll des Todes sterben. Ziemlich grausam…

Jeder Krimi liest sich freundlicher. Das Alte Testament ist nach heutiger Empfindung eine Ansammlung höchst brutaler Geschichten. Eigentlich war die Einführung des Talionsprinzips ein Fortschritt. Es besagte, dass man sich nicht dramatischer rächen darf als der Schaden gewesen ist.

Schuld und Schuldfähigkeit, Schuldbewusstsein und Schuldgefühl – für diese Begriffe gibt es Definitionen aus der Religion, der Philosophie oder auch der Rechtsprechung. Wie erklären Sie sie als Psychiaterin?

Schuld ist ein Begriff, der zugeschrieben wird, wenn sich jemand durch sein Handeln an einem anderen Menschen oder an Regeln schuldig gemacht hat. Wenn er gesellschaftliche, soziale oder rechtliche Normen und Werte nicht einhält – obwohl er die Fähigkeit hat, sein

Foto: ddp images

ZUR PERSON

Adelheid Kastner begutachtet seit zwei Jahrzehnten Mörder und Vergewaltiger, unter ihnen auch Josef Fritzl, das „Monster von Amstetten". Die 58-jährige Fachärztin für Psychiatrie und Neurologie ist Chefärztin der forensischen Abteilung des Kepler-Universitätsklinikums im österreichischen Linz. Der Anteil der Schizophrenen unter ihren Patienten liegt bei über 80 Prozent.

Verhalten danach auszurichten. Nicht zugeschrieben werden kann Schuld, wenn jemand durch eine krankhafte seelische Störung so determiniert ist in seinen Entscheidungen und seinem Handeln, dass er nicht die Wahl hatte. So jemand kann strafrechtlich nicht zur Verantwortung gezogen werden. Ohne Schuld keine Strafe.

Schuld setzt also den freien Willen voraus?

Genau.

Welche psychiatrischen Diagnosen führen immer zu der Feststellung: „schuldunfähig"?

In der akuten Phase alle schweren psychischen Erkrankungen: Schizophrenie, Manie, bipolare Erkrankung, Psychosen.

Und wie definieren Sie Schuldgefühl und Schuldbewusstsein?

Das Schuldgefühl ist die emotionale Reaktion auf ein selbst begangenes Unrecht oder einen selbst verursachten Schaden. Es entsteht in der Auseinandersetzung mit sich selbst und den eigenen Wertmaßstäben. Während Schuldbewusstsein zunächst einmal nur heißt: Ich bin mir der Tatsache bewusst, dass ich mich faktisch schuldig gemacht habe oder mir Schuld zugeschrieben wird. Allerdings verstehen wir den Begriff im Umgangssprachlichen so, dass er auch die Schuldgefühle mit einschließt.

Was ist das Gegenteil von Schuldgefühl?

Ich würde sagen: die absolute Selbstbezogenheit.

Gibt es Menschen ohne jegliches Schuldgefühl? Ist Ihnen so jemand schon einmal begegnet?

Natürlich. Jeder gestandene Psychopath weiß zwar, was das Wort Schuld bedeutet, und kann auch dramatische Lieder dazu singen. Aber er empfindet die Schuld nicht. Da ist ein Vakuum. Die Gewalt eines Psychopathen dient stets einem egoistischen Zweck. Er interessiert sich in keiner Weise für andere. Wobei es übrigens auch Psychopathinnen gibt.

Und wie ist das bei einem Täter ohne eine solche Persönlichkeitsstörung?

Viele werden versuchen, nicht mit ihrem Opfer mitzufühlen, weil sie das nur mürbe machen würde. Und sie werden versuchen, ihre Schuld zu minimieren. Es ist ja legitim, sich das Leben zu erleichtern. Wenn wir Schuldgefühle haben – zum Beispiel, weil wir jemanden schlecht behandelt haben oder den Partner nach einer Trennung völlig desperat zurückgelassen haben –, neigen wir doch ebenfalls dazu, unsere Schuld vor uns selbst zu reduzieren.

Also ein ganz normaler Mechanismus – egal, ob man Mörder ist oder nur jemanden verlassen hat?

So ist es. Man sollte bei einem Straftäter nicht etwas ganz anderes erwarten als bei sich selbst. Was die meisten Leute aber tun. Die Erwartungshaltung in der Bevölkerung ist doch, dass der Schuldige bis in alle Ewigkeit Asche auf sein Haupt streut. ⟶

Josef Fritzl während seines Prozesses in St. Pölten im Jahr 2009

Und wie redet sich der Mörder seine Schuld klein?
Etwa, indem er sich sagt: Wenn der sich nicht so blöd aufgeführt hätte, hätte ich ihn nicht erschlagen. Wenn sie mich nicht verlassen hätte, hätte ich sie nicht umgebracht. Da gibt es viele Möglichkeiten. Und irgendwann ist die Tat dann nicht mehr Teil des Alltags. Ich höre oft von Straftätern, bei denen die Tat länger her ist, dass sie kaum noch daran denken.

Verweigern sie Ihnen manchmal das Gespräch über die Tat?
Es kommt vor, dass jemand sagt: Ich kann mich nicht erinnern. Und damit verweigert er natürlich bis zu einem gewissen Grad die Auseinandersetzung mit der Tat. Aber es steht nach meiner Auffassung jedem Menschen zu, selbst zu entscheiden, wie er mit seiner Tat und der Erinnerung daran umgeht. Die vom Gesetz vorgeschriebene Strafe ist der Freiheitsentzug. Kein Gesetz schreibt vor, dass ein Mörder sich täglich mit seiner Tat befassen und täglich schuldbewusst sein muss.

Bedeutet ein langes Vorstrafenregister, dass derjenige frei von jeglichem Unrechtsbewusstsein ist?
Nicht zwingend. Es kann auch Dummheit sein, dass jemand immer wieder straffällig wird. Oder es fehlt der Wille, sich mit sich selbst auseinanderzusetzen, die eingespielten Mechanismen zu hinterfragen und etwas zu verändern.

„FRITZL WAR KEIN DUMMER MENSCH. UND AUCH NICHT KRANK"

Kann man an Schuld zerbrechen?
Das ist prinzipiell vorstellbar, kommt aber aus den genannten Gründen eher selten vor. Es sind nur sehr wenige Täter, die sich ein Leben lang schuldig fühlen, und die leben schlecht damit. Oder bringen sich um.

Haben Sie schon erlebt, dass Verzweiflung und Schuldgefühle alles überlagerten?
Bei einem jungen Mann, der drei Menschen getötet hatte. Er saß mir im Rahmen einer Begutachtung gegenüber und fragte mich, was er mit dieser Schuld tun soll. Und das war keine rhetorische Frage. Seine Verzweiflung erfüllte den gesamten Raum. Das war bedrückend. Ich konnte ihm nur sagen: Da können Sie nichts tun. Das müssen Sie aushalten. Man kann mit Schuld nicht wirklich anders umgehen.

Sie haben Josef Fritzl begutachtet, der seine Tochter fast 24 Jahre lang als Sklavin im Keller gehalten hat, sie vergewaltigte und schwängerte. War auch bei ihm der Raum voller Schuld?
Das war eindeutig nicht der Fall.

Konnte Fritzl Recht von Unrecht unterscheiden?
Natürlich, er war kein dummer Mensch. Und auch nicht krank. Er wusste, dass das, was er machte, verboten war, dass er damit sämtliche Regeln brach. Ihm war völlig klar, dass Bedürfnisse zu haben noch lange nicht heißt, dass man sie ausleben darf. Es ging ihm einzig um Macht. Nicht nur im sexuellen Bereich.

Er soll Ihnen gegenüber von Schuldgefühlen gesprochen haben, die ihn zumindest beim Einschlafen und beim Aufwachen geplagt hätten. Nehmen Sie ihm die ab?
Durchaus. Er hat relativ wenig gelogen.

In letzter Zeit wird Deutschland von Fällen erschüttert, in denen Kinder Opfer schwerer sexueller Gewalt geworden sind: ein Pädophilen-Netzwerk in Münster, jahrelanger Missbrauch auf einem Campingplatz in Lügde, ein Kinderpornografie-Tauschring beim sogenannten Missbrauchskomplex Bergisch Gladbach. Haben die Täter und Täterinnen in solchen Fällen ein Unrechtsbewusstsein?
Wenn sie zurechnungsfähig sind, wissen sie natürlich, dass sie unrecht tun. Unrechtsbewusstsein ist eine kognitiv rationale Sache. Aber das bedeutet nicht, dass sie sich während der Taten oder danach schuldig fühlen. Sie stellen vielmehr ihre eigenen Bedürfnisse über alles. Nicht anders als Josef Fritzl.

Gibt es einen Satz, den Sie von Straftätern häufig zu hören bekommen?
Der Alkohol war schuld. Ich kann mich an nichts erinnern, ich hatte einen Blackout. Oder die Schuld wird ganz konkret beim Opfer verortet: Wenn sie mich nicht so lange provoziert hätte, wenn er mir nicht ins Messer gelaufen wäre, dann wäre das alles nicht passiert.

Das sagen mir Täter sogar, wenn ihr Opfer fünf Stichwunden hatte.

Haben Sie schon erlebt, dass ein Beschuldigter sagte: Ich bereue nichts?

Einer sagte zu mir: „So, jetzt bin ich zufrieden. Jetzt passt es wieder für mich." Der Mann hatte wegen einer Frau mit seinen Eltern und der religiösen Gemeinschaft, der er angehörte, gebrochen. Irgendwann funktionierte dann die Beziehung nicht mehr, die Frau verließ ihn. Sie kam im Gegensatz zu ihm gut mit der Trennung klar. Als er dann mitbekam, dass sie einen Neuen hatte, tötete er sie.

Wie haben Sie auf sein Fazit reagiert?

Ich habe das zur Kenntnis genommen. Es ist seine Bewertung, die muss man ihm nicht korrigieren.

Nicht jeder Mörder ist ein eiskalter Killer. Manche Taten passieren im Affekt.

Ich erinnere mich an den Fall eines Mannes, der von seiner Frau über Jahre gedemütigt wurde, aber trotzdem nie Konsequenzen daraus gezogen hat. Er litt still vor sich hin. Und dann ist er eines Abends doch plötzlich aufgestanden und hat seiner Frau nach den üblichen Beleidigungen ein Messer in die Brust gerammt. Sie überlebte, aber das hätte auch anders ausgehen können. Und er war fassungslos. Dieser Mann konnte nicht verstehen, wie er so etwas hatte tun können. Und er hat die Tat natürlich auch bereut.

Wenn es um die Prognose für einen Täter geht, der schon länger im Gefängnis ist: Beruhigt es Sie, wenn der Proband echte Schuldgefühle hat oder hatte?

Es geht nicht um meine Beruhigung. Und es ist mir egal, ob er ausladend erklärt: Asche auf mein Haupt, ich bereue. Und das ist auch fachlich gerechtfertigt: Es gibt Untersuchungen, die zeigen, dass wortreich vorgetragene Schuldgefühle und Rückfallwahrscheinlichkeit nicht korrelieren, zumindest nicht signifikant. Freilich ist es hilfreich, wenn jemand die Verantwortung für sein Tun übernimmt und auch über seine Wege zum Delikt nachgedacht hat.

Was sagt Ihnen das als Psychiaterin, wenn ein Mensch keine Reue empfindet?

Nicht so viel, wie man vielleicht glauben möchte. Wenn das in den Gesamtkontext der Persönlichkeitsstruktur hineinpasst – im Sinne einer Psychopathie oder einer dissozialen Störung – dann bestätigt es die Diagnose.

Sie haben häufig mit Tätern aus verrohten Elternhäusern und mit früher Gewalterfahrung zu tun. Kommt es oft vor, dass sie ihre Taten damit entschuldigen?

Manche Täter nutzen das tatsächlich als Begründung dafür, dass sie diese oder jene Tat begangen haben. Vor sich selbst und gegenüber anderen. Aber diese Erklärung ist natürlich hanebüchen. Denn ich bin für mein Ver-

Die Chefärztin und ihr Schreibtisch im Uniklinikum in Linz

halten verantwortlich, egal, wie mies meine Kindheit gewesen ist. Außer, ich bin nicht zurechnungsfähig.

Gibt es Unterschiede im Umgang mit Schuld zwischen Mann und Frau?

Nein, das würde ich nicht sagen. Das ist ein Persönlichkeitsthema, kein Geschlechterthema.

Sie leiten die forensische Abteilung einer Klinik, die Menschen dort sind krank. Erleben Sie bei Ihren Patienten trotzdem manchmal Schuldgefühle?

Fast gar nicht. Der Anteil der Schizophrenen liegt bei über 80 Prozent. Sie sind in der Regel durch ihre Erkrankung emotional so verflacht, dass sie kaum Schuldgefühle empfinden können. Oder sie sind wahnhaft, und dann hängen sie weiter in ihrem Wahn und sind der Meinung, dass ihre Taten gerechtfertigt waren. Wer in einer zurechtgezimmerten, wahnhaften Welt lebt, begreift seine Schuld nicht.

Auch später nicht, im Laufe der Therapie?

Nicht immer schlägt eine Behandlung an. Ich erzähle Ihnen ein Beispiel: Ein junger Mann glaubte, dass alle um ihn herum zum Roboter umprogrammiert worden sind, nur noch wie Menschen aussehen. Außer ihm und seiner Freundin. Und dann liegt er in der Nacht neben ihr und hört auf einmal ein Klicken. In diesem Moment ist er sich sicher: Auch sie ist ein Roboter, auch sie wurde schon ausgetauscht. Und dann erschlägt er diesen „Roboter". Er wird nie einsehen, dass das falsch war. Trotz Behandlung geht er unkorrigierbar weiter davon aus, dass er nun der einzige echte Mensch auf Erden ist.

In Norddeutschland tötete vor einigen Jahren eine Mutter in einer akuten Psychose ihre Kinder. Sie glaubte, sie würden von Dämonen bedroht und könnten nur im Jenseits in Frieden leben. Kann man solch eine Frau entlasten, indem man ihr sagt: Sie haben keine Schuld?

Das hängt davon ab, wie sehr die Erkrankung die betreffende Person schon verändert hat. Wenn sie noch resonanzfähig ist, wenn noch eine einigermaßen gesunde Grundstruktur vorliegt, kann man solch einer Frau schon sagen, dass

„WER IN EINER WAHNHAFTEN WELT LEBT, BEGREIFT SEINE SCHULD NICHT"

sie keine Schuld trifft. Trotzdem wird ihr das wahrscheinlich nicht helfen. Solche Frauen kommen mit dem, was passiert ist, meist sehr schlecht zurecht – losgelöst davon, ob eine formale Schuld vorliegt oder nicht.

Hatten Sie schon einmal solch einen Fall zu begutachten?

Das war sogar ein Fall aus Deutschland. Eine Mutter aus Bayern hatte in einer akuten Psychose ihren Säugling mit dem Brotmesser getötet. Zuvor hatte sie Befehle von Außerirdischen erhalten. Sie war überzeugt, das Kind werde die Weltherrschaft anstreben und seine Brüder vernichten. Sie meinte, das verhindern zu müssen. Für einen nicht psychotischen Menschen sind die Verwüstungen, die diese schreckliche Krankheit in einem Menschen anrichtet, kaum vorstellbar.

Eltern, die ihr Kind misshandelt oder getötet haben und schuldfähig sind, beteuern nicht selten vor Gericht, wie sehr sie es doch geliebt hätten, wie schuldig sie sich fühlen würden.

Reden kann man viel. Von Liebe sind diese Väter und Mütter meist ganz weit entfernt. Die Kinder sind nicht selten nur ein Versatzstück in einem Ehedrama oder ein Dekorationsstück.

In einem Ihrer Bücher schildern Sie den Fall eines Vaters, der seinen kleinen Sohn an beiden Füßen hochgehoben hat – und ihn dann auf den Kopf fallen ließ. Der Säugling starb.

Dieser Mann war frei von jedweden Emotionen für sein Kind. Gleichzeitig hat er in dem Gespräch mit mir seine Liebe zu allem Möglichen beteuert, zur Religion, zu Gott und mehr – mit ausgeprägter Dramatisierung.

Kennen Mütter mit dem Münchhausen-by-proxy-Syndrom Schuldgefühle? Diese Frauen machen ihre gesunden Kinder bewusst krank, um dann Behandlungen für sie einfordern zu können und Aufmerksamkeit zu bekommen.

Sicher nicht. Die Basis-Emotion dieser Frauen ist der Narzissmus. Es geht ihnen ausschließlich um die eigene Inszenierung. Sie haben kein Gefühl für andere Menschen, auch nicht für ihr Kind. Sie sind in der Regel schuldfähig, das heißt, sie wussten, dass es falsch ist, was sie tun. Aber sie haben es trotzdem gemacht. Weil es sich gut anfühlte, auf der großen Bühne zu stehen. Diese Mütter werden ja von allen dafür bewundert, wie liebevoll sie sich um ihr krankes Kind kümmern.

Einige Menschen beharren nach ihrer Verurteilung darauf, unschuldig zu sein. Selbst wenn die Beweislast erdrückend war. Warum tun sie das?

Meist, weil sie ihr Gesicht wahren wollen vor anderen. Das kann die Familie sein, das können die Mithäftlinge sein.

Manchmal schreiben Täter ihren Opfern oder deren Angehörigen aus dem Gefängnis Briefe und entschuldigen sich oder versuchen, nachträglich etwas zu erklären. Was sagt das über sie?

In der Regel nichts Gutes. Jemand, der das tut, hat nichts begriffen. Allein die Selbstermächtigung, jemanden zu kontaktieren, der vielleicht von mir gar nichts hören will - das ist extrem übergriffig. Außerdem: Ein Opfer muss nicht vergeben.

Irgendwann ist die juristische Schuld abgetragen, der verurteilte Mörder oder Vergewaltiger kommt wieder frei. Angehörige von Opfern tun sich manchmal schwer mit dem Gedanken, dass der Täter wieder ein selbstbestimmtes Leben führen kann …

Das ist bisweilen verständlich. Aber wir haben ein Regelwerk, das im gesellschaftlichen Konsens erstellt worden ist und das besagt, dass hierzulande die strafrechtlich zuschreibbare Sanktion irgendwann endet. Und die Akzeptanz für dieses Regelwerk ist von allen einzufordern. Interessanterweise ist das Rachebedürfnis bei den Angehörigen oftmals viel ausgeprägter als beim Opfer selbst.

Der amerikanische Serienkiller Ted Bundy soll in einem Interview einmal gesagt haben: „Ich bin in der beneidenswerten Lage, keine Schuld zu empfinden.“

(lacht) Immerhin hat er offenbar erkannt, dass es so etwas wie Schuld gibt – und dass Schuld unangenehm sein muss. ●

Die Staatsanwälte sagen, er habe alles geplant. Die Internetdetektive nennen ihn kaltblütig. Doch die Wahrheit ist komplizierter. Denn Luka Magnotta war wohl nicht alleine, als er zum Mörder wurde

LUKA
&
MANNY

VON **ANTJE JOEL**

SPÄTER SAGTE LUKA MAGNOTTA, MANNY SEI SCHULD GEWESEN. DER HABE IHN ZU ALLEM GETRIEBEN. MANNY WOLLTE, DASS LUKA DIE KÄTZCHEN ERMORDET.

Erst zwei, später noch eins und schließlich ein viertes. Manny wollte das Sterben der Kätzchen filmen und ins Internet stellen, weil man „mit solchen Videos eine Menge Geld machen kann". Luka Magnotta sagte, er habe nicht wirklich Ja zu Mannys Idee gesagt. Aber er machte mit. Beziehungsweise: Er machte.

In den drei Videos ist Manny nicht zu sehen. Zu sehen sind nur die Kätzchen. Und jeweils ein bisschen von Luka, die Sweatshirt-Kapuze in die Stirn gezogen. Von seinen Lippen hängt eine Zigarette. Die beiden Kätzchen im ersten Video liegen auf einem Bett oder einer Couch. Eines schwarz, das andere getigert. Sie haben sich aneinandergeschmiegt, auf dem flauschigen Überwurf mit dem Wolfsaufdruck. Luka streichelt sie, mit einem Finger. Dann hebt er die Kätzchen auf, erst das getigerte, dann das schwarze, und steckt sie in einen Plastikbeutel mit Zip-Lock-Verschluss. Das schwarze kriecht noch mal aus dem Beutel heraus. Ein bisschen ziellos, nicht panisch. Lukas Hände stecken das Kätzchen zurück und schließen, bis auf eine kleine Öffnung, den Beutel. Ein Staubsauger springt an. Mehr muss keiner, der nicht Ermittler, Gutachter, Staatsanwalt, Verteidiger oder Richter ist, von dem Video sehen.

Manny habe während der Aufnahme im Flur gewartet. „Verflucht noch mal, mach jetzt", habe Manny gesagt, wenn Luka aufhören wollte. Oder wenn er versuchte, das Töten hinauszuzögern. Luka habe geweint. Manny sei kalt geblieben. Später habe Manny die Videos, wie geplant, ins Internet gestellt. Erst die drei, in denen Luka die Kätzchen tötet. Später das andere. In dem tötet Luka den chinesischen Austauschstudenten Jun Lin.

Auch das habe Manny so gewollt.

Nachdem Luka Jun Lin getroffen und mit in sein Apartment genommen hatte und Manny während eines Anrufs davon Wind bekam, war Manny wild auf einen Dreier. Wenigstens per Kamera wollte er dabei sein. Er ließ Luka und Jun Lin keine Ruhe. Er diktierte den Sex per Telefon. „Fessele ihn", sagte er zu Jun Lin. „Fick ihn hart." Luka sagte, er solle aufhören. Er weinte wieder. Vielleicht war das Mannys Stimme, die ihm dann befahl, Jun Lin zu töten. Ihn zu zerstückeln. Und sich dabei zu filmen.

Manny ist gemeingefährlich. Ein Manipulator. Ein Psychopath. Er quälte Luka damals bereits seit Jahren. Er schlug ihn. Er vergewaltigte ihn. Er verfolgte ihn. Wann immer Luka versuchte, Manny zu entkommen, drohte der ihm: „Ich kenne wichtige und gefährliche Leute!" Einmal entführte er Luka. Er verschleppte ihn über Tausende Meilen, über die ganze Länge Nordamerikas, von Kanada runter nach Florida. Dort ließ er Luka verbrannt und hilflos auf dem Strand zurück.

So einer sei dieser Manny.

Manuel „Manny" Lopez. Keiner hat ihn je gesehen. Nur Luka.

*

„Mister Magnotta leidet an paranoider Schizophrenie!", befand der Psychiater Joel Watts. „Er tötete den Studenten Jun Lin im Zustand einer akuten Psychose." Die Psychiaterin Marie Frederique Allard schloss sich seiner Diagnose an. Für sein Gutachten im Auftrag der Verteidigung hatte Watts 38 Stunden und 30 Minuten mit Luka Magnotta verbracht. Er sprach mit Familienmitgliedern, mit verschiedenen Hausärzten und Psychiatern, die Magnotta über die Jahre zuvor betreut hatten.

„Er suchte oft die psychiatrische Ambulanz auf, er war verwirrt, fühlte sich hilflos und glaubte, er könne nichts richtig machen", schreibt Watts. „Alles, was ich je wollte, war, dass mich einer liebt und ich ihm etwas bedeute", sagte Magnotta ihm.

„Bullshit!", sagten die Internetdetektive, die, nachdem das erste Katzenmord-Video erschienen war, den Kapuzenmann schnell als Luka Rocco Magnotta identifiziert und ihn mit Akribie und einer gewissen Besessenheit über Monate verfolgt hatten. Ihre Jagd wurde später in der Netflix-Dokumen-

Als die Polizisten die Matratze sehen, ist ihnen schnell klar, was hier passiert ist

tation „Don't F**k With Cats" nacherzählt. Magnotta sei nicht krank, sagten sie. Sondern kaltblütig. Ein meisterhafter Manipulator. Seine zahllosen über Jahre verteilten Besuche in psychiatrischen Notfallambulanzen nur Inszenierung und Teil eines mörderischen Plots. „Manny" und all die anderen Symptome seien Erfindungen, um Richtern und Geschworenen eine Schizophrenie vorzugaukeln und den drohenden Knast gegen einen gemütlichen Klinikaufenthalt einzutauschen.

Der Staatsanwalt Louis Bouthillier sagte: „Mister Magnotta ist ein narzisstischer Psychopath. Der Mord an Jun Lin war geplant." Später, als er den Prozess gewonnen hatte, sagte Bouthillier: „Ich fühle mich großartig. Aber, um ehrlich zu sein, ich hatte dieses Urteil erwartet."

AM DIENSTAGMORGEN, DEM 29. MAI 2012, 10.15 UHR, ÖFFNET MIKE NADEAU, HAUSMEISTER EINES APARTMENTBLOCKS IM KANADISCHEN MONTREAL, einen Koffer, der seit ein paar Tagen in einer Gasse hinter dem Haus steht. Zwischen ausrangierten Möbeln und nicht abgeholten Müllsäcken. Nadeau hat ihn schon in der Vorwoche bemerkt. Jetzt beschweren sich Anwohner über den Gestank. Maden kriechen über den Koffer. Als Nadeau ihn öffnet, sieht er einen nackten männlichen Torso. Ohne Arme und Beine. Ohne Kopf.

Die herbeigerufenen Polizisten finden in dem Müllberg weitere Körperteile. Blutige Kleidung. Scharfes, stumpfes Werkzeug. Einen toten Hundewelpen. Auf Papieren, die beim Leichnam liegen, steht ein Name: Luka Rocco Magnotta. Und eine Adresse: ein Apartment in ebenjenem Block. Die Polizisten glauben zunächst, dass Magnotta das Opfer ist. Ein 29-jähriger Junggeselle und Teilzeit-Pornodarsteller. Seine Miete hat er bis zum 1. Juni im Voraus bezahlt.

Aus seinem Apartment schlägt ihnen ein Gestank von Blut und Reinigungsmitteln entgegen. Die Wohnung ist nahezu leer geräumt. Im Schlafzimmer steht ein Bettgestell mit einer blutgetränkten Matratze. Blut auch auf dem Tisch, am Duschvorhang, in der Badewanne und im Kühlschrank. In einen Schrank steht mit roter Tinte geschrieben: „Wenn du nicht magst, was dich anschaut. Dann sieh nicht in den Spiegel. Mir ist's egal."

Am selben Morgen, um elf Uhr, öffnet Jenni Byrne, Direktorin für politische Aktionen, in der Zentrale der kon- ⟶

servativen Regierungspartei ein Paket. Es ist mit der Post gekommen, befleckt und leicht zerfleddert. Ein Herz ist daraufgemalt. Byrne findet rosa Packpapier, darunter eine schwarze Plastiktüte. Und darin eine Geschenktüte für Weinflaschen. Byrne fühlt: Der Inhalt ist keine Flasche. Es ist etwas Weiches, Matschiges. Als sie die Tüte mit einer Schere öffnet, entströmt ihr ein fauliger Gestank. Byrne lässt das Paket fallen und ruft die Polizei. Sie bekommt den Inhalt nie zu sehen: Es ist ein menschlicher Fuß. Zusammen mit einer Notiz: „Stephen Harper und Lauren Tesky *(sic)* werden wissen, wer das ist. Sie haben's mächtig verkackt!!" Harper ist damals Premierminister. Laureen Teskey ist seine Frau. Unter die Notiz ist ein Herz gemalt.

Die Post in Ottawa fängt an jenem Morgen ein zweites Paket ab. Es ist an die Liberale Partei adressiert und enthält eine in rosa Geschenkpapier gewickelte Hand. „Sie müssen dringend mit Laureen Teskey *(sic)* und ihrer Familie sprechen! Die haben eine Menge zu verbergen!!"

Auch zwei Grundschulen erhalten Pakete mit Körperteilen. Und mit einem Gedicht: „Rosen sind rot, Veilchen sind blau. Die Polizei wird deine Zahnarztunterlagen brauchen, um dich zu identifizieren, du Sau." Auch diese Körperteile gehören zu dem von Mike Nadeau gefundenen Torso.

JUN LIN, 33, IST IM SOMMER 2011 AUS DEM CHINESISCHEN WUHAN NACH MONTREAL GEKOMMEN, um Computerwissenschaften und Ingenieurswesen zu studieren. An der Uni benutzt er den englischen Namen „Justin". Lin ist an der Concordia-University der Älteste in seiner Klasse. „Plötzlich fällt mir auf, dass ich gut zehn Jahre älter bin als meine Klassenkameraden. Sie hätten kein Problem, mich ‚Onkel' zu nennen", schrieb er auf einer chinesischen Mikroblogging-Seite. Auf den Fotos, die er postet, ist er meist allein. Er zeigt und lebt offen seine Homosexualität.

Neben dem Studium jobbt er in einem chinesischen Lebensmittelladen. Seine Mutter sorgt sich oft: der Sohn so weit weg von daheim. Jun Lin schickt Videos von den grünen Parks Montreals und den baumbestandenen Straßen des Viertels, in dem er lebt. Er hofft, nach dem Studium schnell einen festen Job zu finden, um seine Familie daheim unterstützen zu können.

Am 25. Mai ist Jun Lin nicht zur Arbeit erschienen. Das ist ungewöhnlich. Der Ladenbesitzer beschreibt ihn als einen „höflichen, freundlichen Mann, der nie eine Schicht versäumt hat". Am 30. melden seine Freunde ihn als vermisst. Die Körperteile aus den Paketen ordnet die Polizei schnell dem Studenten zu.

Die Polizei fand, von Magnottas Aussagen abgesehen, nie heraus, wie Jun Lin und sein Mörder sich trafen. Es konnten keine Anrufe zwischen den beiden Männern nachgewiesen werden. Keine Onlinechats. Keiner der beiden hatte Fotos von dem anderen auf seinem Computer.

Jun Lin und Luka Magnotta betreten um 22.17 Uhr das Apartmenthaus. Knapp vier Stunden später kehrt Magnotta in die Eingangshalle zurück. In Jun Lins T-Shirt und ohne Begleitung

Auf den Aufzeichnungen der Sicherheitskameras im Apartmentgebäude ist Jun Lin das letzte Mal lebend zu sehen: Am 24. Mai, abends um 22.17 Uhr, betritt er zusammen mit Luka Magnotta die Eingangshalle. Jun Lin trägt ein gelbes T-Shirt. Shorts. Eine Baseballkappe. Um 2.06 Uhr zeichnen die Kameras Luka Magnotta auf, wie er allein durch die Eingangshalle geht und das Gebäude verlässt. Er trägt jetzt ein gelbes T-Shirt. Minuten später ist er zurück. Bleibt vor den Spiegeln im Foyer stehen. Begutachtet sich. Wirft das Haar zurück.

Magnotta gilt nicht länger als Opfer.

Die kanadische Polizei gibt eine landesweite Fahndungsmeldung heraus. Dann, als klar wird, dass Magnotta zwischenzeitlich nach Paris geflogen ist, fahndet auch Interpol nach ihm. Vier Tage später wird er gefasst. In einem Internetcafé am Alexanderplatz, in Berlin. Der Betreiber hatte, gleich als er hereinkam, geglaubt, ihn zu erkennen. Als er über Magnottas Schulter blickt, während der Nachrichtenmeldungen über sich liest, ist er sich sicher. Eine Gruppe Polizeischüler, zufällig im Einsatztraining in der Nähe, stellt den Mörder. Magnotta rasselt erst eine Liste falscher Namen herunter. Dann sagt er ruhig: „Okay, ihr habt mich."

*

Der britische Psychiater Graham Thornicroft schreibt in „Ausgestoßen – Wie wir Menschen mit psychischen Krankheiten diskriminieren": „Das ‚Allgemeinwissen' über psychische Krankheiten basiert auf einer Mischung aus einer umfassenden Ignoranz und Fehlinformationen." Unser Bild vom Wahnsinn und denen, die ihm erliegen, ist größtenteils von den Medien geprägt. Wir kennen Geisteskrankheit aus Büchern, der Presse, aus Filmen. Oder wir glauben, sie zu kennen.

Im Prozess fragte der Staatsanwalt den Berliner Psychiater Thomas Barth, der mit Magnotta nach seiner Festnahme gesprochen und ihm, wie später Joel Watts, eine paranoide Schizophrenie attestiert hatte: „Wie erklären Sie es, dass wenige Wochen vor dem Mord ein Psychiater des Jewish General Hospital in Montreal befand, dass der Angeklagte nicht an einer bipolaren Störung oder an einer Psychose leidet?" Barth war nicht verwundert. „Das ist das typische Bild, das ich sehe, wenn ich mit psychotischen Patienten zu tun habe." In der einen Minute gehe es ihnen scheinbar gut. In der nächsten seien sie verwirrt und verängstigt. „Die kleinste Veränderung in ihrem Leben kann einen Rückfall bringen." Oft versteckten sie ihre Symptome. „Ich hatte einige psychotische Patienten, die, noch einen Tag bevor sie ein schweres Verbrechen begingen, absolut stabil wirkten."

*

Luka Rocco Magnotta kam am 24. Juli 1982 in Scarborough in der kanadischen Provinz Ontario zur Welt. Die ersten 24 Jahre seines Lebens hieß er Eric Clinton Kirk Newman. Seine Eltern hatten den Sohn nach den Schauspielern Clint Eastwood und Kirk Douglas benannt. Später bekam er zwei Geschwister. Die Kinder gingen auf keine Schule. Die Mutter unterrichtete sie zu Hause.

Sie wollte Kontrolle, sagte Magnotta dem Gutachter. Sie sei eine Sauberkeitsfanatikerin, die, als er noch klein war, oft eine Maske getragen habe. Sie habe die Kinder zum Händewaschen gezwungen, bis die Haut rot und gereizt war. Manchmal warf sie die Kinder aus dem Haus. Sie ließ Luka selbst dann nicht wieder herein, als er sich fürchtete, weil er einen fremden Mann ums Haus schleichen sah. Einmal habe sie, trotz seines Flehens, die Kaninchen aus dem Haus in den Garten gesperrt, im kanadischen Winter. Die Tiere erfroren. Er hatte Angst vor der Mutter. Vor ihren langen, roten Nägeln. Waren die Kinder ungehorsam, band die Mutter sie an einen Stuhl. Sie steckte Luka, der lange ins Bett machte, noch mit sechs in Windeln. Er trat und kratzte gegen die Erniedrigung an. So schilderte er dem Psychiater Watts seine Kindheit, die Mutter. Zwischendurch sagte er immer wieder: „Sie ist keine schreckliche Person."

Der Gutachter notierte: „Er war zeitweise sehr besorgt, dass seine Kindheitserinnerungen der Beziehung zu Familienmitgliedern, die er liebt und mit denen er im Kontakt bleiben möchte, schaden könnten."

„Daran, dass mein Vater zum Trinker wurde, ist die Familie meiner Mutter schuld", sagte Magnotta. Als er noch jünger war, habe seine Mutter ihm erzählt, der Vater habe sie oft misshandelt. Er habe ihr gedroht, sie zu töten. Der Sohn habe das nicht geglaubt. „Er hat mich und meine Geschwister nie misshandelt. Er war friedlich, wenn er getrunken hatte." Eines Tages verlor der Vater seinen Job, weil er auf der Arbeit trank. Die Familie verlor darauf das Haus. Luka war neun. Er zog zu seinen Großeltern und kam erstmals in die Schule.

Von diesen Erzählungen gelangten nach Magnottas Festnahme Fragmente an die Öffentlichkeit. Passagen, die sich zu einer verständlichen Kette der Kausalitäten verknüpfen ließen: die misshandelnde Mutter. Der trinkende Vater. Die soziale Isolation. Es ergab sich ein Bild: Sicher, Luka Rocco Magnotta hatte eine traumatische Kindheit gehabt. Er war, nachvollziehbarerweise, beschädigt. Das sind viele von uns. Aber: Sie morden nicht. Weder Menschen noch Kätzchen. Magnotta musste, in letzter Konsequenz, böse sein.

SCHIZOPHRENIE. DAS WORT KOMMT AUS DEM GRIECHISCHEN UND VEREINT DIE BEDEUTUNGEN „SHIKZEIN", SICH SPALTEN, UND „PHREN", GEIST. Doch entgegen der landläufigen Auffassung bedeutet Schizophrenie nicht eine „gespaltene" oder „multiple" Persönlichkeit. Die amerikanische Expertin und selbst an Schizophrenie erkrankte Professorin Elyn Saks sagt: „Der schizophrene Geist ist nicht gespalten. Er ist zerschmettert."

Weltweit, Deutschland eingeschlossen, erkrankt einer von hundert Menschen wenigstens einmal im Leben an Schizophrenie. Diese Menschen erleben einen Bruch mit dem, was wir Wirklichkeit nennen. Der Betroffene sieht Perso- ⟶

nen, Dinge. Er hört Stimmen, Geräusche. Er spürt „etwas". Ohne Bezug zur Realität. Er redet zusammenhanglos. Dann wieder mit loser, verwirrender Assoziation. Er entwickelt Vorstellungen und erliegt Überzeugungen, die jeder Grundlage entbehren. Früher hatten Wahnvorstellungen meist religiösen Charakter. Heute drehen sie sich vornehmlich um die sozialen Medien.

*

Luka Magnotta ist zwölf, als die Ärzte seinem Vater eine paranoide Schizophrenie attestieren. Der Senior muss von nun an starke Antipsychotika nehmen. Darunter Clozapin. Häufig auftretende Nebenwirkungen sind Apathie, Zittern, Sabbern, Schwindel, Kopfschmerzen, Sehstörungen. Hört der Patient auf, das Medikament zu nehmen, bricht die Krankheit wieder hervor. Der Sohn sagte später dem Gutachter, der Vater sei ihm zu Beginn der Medikation wie ein „Zombie" erschienen. Er erleidet epileptische Anfälle. Verursacht Autounfälle. Er durchlebt Angstzustände. Immer wieder ist er davon überzeugt, dass die Familie seiner Frau ihn töten will. Schließlich trennt er sich von ihr.

*

Luka ist 18 und auf der Highschool, als seine Großmutter ihn erstmals einem Psychiater vorstellt. Der Enkel spricht laut vor sich hin, leidet unter Angstzuständen, sieht Dinge und hört Stimmen. Auch bei ihm lautet die Diagnose „paranoide Schizophrenie". Er verlässt die Schule und wird in ein Wohnheim für psychisch Kranke eingewiesen. Er glaubt jetzt, die Regierung sei hinter ihm her. Dass sie sein Handy abhört. Er ist der Überzeugung, dass andere seine Gedanken hören können, und bemüht sich, nicht mehr zu denken. So erzählt er es seinen Psychiatern. Er hängt die Fenster in seinem Zimmer ab und überdosiert mit Antipsychotika. Mit 22 wird er zum ersten Mal zwangseingewiesen. Die Stimmen sind jetzt permanent in seinem Kopf. Sie machen ihn aggressiv. Die Betreuer im Wohnheim notieren, dass er „während seiner psychotischen Episoden wenig Einsicht in seinen Gesundheitszustand hat". Er isoliere sich, weil die anderen Bewohner „mich als verrückt oder paranoid hinstellen wollen. Aber das bin ich nicht, mir geht's gut."

Mit 24 beschließt er, ein anderer zu sein. Er ändert seinen Namen offiziell zu Luka Rocco Magnotta. Den Nachnamen übernimmt er von einem Weinhersteller. Den zweiten Vornamen übernimmt er von einem Pornostar: Rocco Siffredi, Beiname „the Italian Stallion". Der italienische Hengst. Luka Magnotta dreht jetzt auch Pornos. Er arbeitet als Stripper und Escort. Als männliche Prostituierte für schwule Kunden. Bei dieser Arbeit, sagte er später, habe er Manny kennengelernt. Erst ist er Lukas Freier. Dann ist er sein Lover.

Magnotta konnte weder der Polizei noch dem Gutachter Mannys Adresse oder seine Telefonnummer nennen. Der Psychiater Watts sagt: „Möglich, dass es ihn trotzdem gibt." Aber Magnottas „Erinnerungen" an ihn, seine Vorstellungen, wer Manny ist und was er tat, seien klar das Ergebnis von Halluzinationen.

Online stellt Magnotta sich als gefeiertes Idol der Sexindustrie dar. Im richtigen Leben hat er 17 000 Dollar Schulden. Er meldet Privatinsolvenz an. Er will Model werden. Er will Schauspieler sein. Luka ist ein Superstar. Bei einer Probeaufnahme als Unterwäschemodel zieht er die Wangen ein und sagt mit gekünstelt tiefer Stimme: „Ich höre oft, dass ich vernichtend gut aussehe." In dem Bewerbungsvideo für die Reality-TV-Show „Plastic Makes Perfect" stellt er sich vor mit dem Satz: „Ich bin Luka, süchtig nach Schönheitsoperationen." Er habe sich die Lippen und Augen machen und Haar transplantieren lassen. Jetzt wolle er Muskelimplantate. Er taucht beim Radiosender AM640 und der „Toronto Sun" auf, „um mit den Gerüchten aufzuräumen, dass ich eine Affäre mit der Serienmörderin Karla Homolka habe". Er sagt, Neider wollten ihm mit Gerüchten schaden. „Meine Modelkarriere geht den Bach runter, ich bekomme Morddrohungen. Die Gerüchte zerstören mein Leben!" Ein Video zeigt Magnotta in schwarz glänzender Lederjacke, mit Sonnenbrille, wie er steif und mit starrem Blick in die Kamera durch die Redaktionsräume der „Sun" geht. „Ich will auch meinen Zwergspitz zurück. Den hat man mir aus meinem Geländewagen gestohlen."

Der Psychiater, der ihn zu diesem Zeitpunkt, im Oktober 2007, seit über vier Jahren behandelt, will Magnotta erklären, dass die „Gerüchte" Teil seiner Wahnvorstellungen sind. Magnotta ist ungläubig, empört. „Alle reden über mich, es wird gegen mich ermittelt." Der Arzt beraumt weitere Sitzungen an und erhöht die Dosierung des Antipsychotikums. Im Folgejahr kommt Magnotta noch einmal vorbei, um ein Rezept abzuholen. Dann nicht mehr.

Magnotta zieht kurzfristig nach New York. Er hat keinen Kontakt mehr zu seiner Familie. Er hat keine ärztliche Betreuung.

Im Oktober 2009 und im Februar, Mai und August 2010 sucht er seinen früheren Psychiater Robert Weinstein in Toronto auf. Weinstein notiert, sein Patient leide unter Angstzuständen und seine Gedanken kreisten obsessiv um den Ex-Freund. Dessen Verhalten mache Magnotta Angst. Magnotta klage, dass der Ex-Freund mehrfach mit Blut „Ich liebe dich" an seine Tür geschrieben habe. Er habe Leute auf Magnotta angesetzt, die ihm wehtun sollen. Er stalke ihn. Rufe immer wieder an. Wenn Magnotta mit der Polizei drohe, drohe der Ex-Freund, dass er Magnottas Familie „etwas antun" werde. Magnotta nimmt seine Medikamente nur noch sporadisch. Weinstein notiert: „Mr. Magnottas Zustand ist instabil."

IM HERBST 2010 POSTET LUKA MAGNOTTA AUF SEINER FACEBOOK-SEITE EINEN LINK ZU EINEM VIDEO MIT DEM TITEL „3 TYPEN, 1 HAMMER". Zwei ukrainische Teenager erschlagen darin einen Passanten. 2007 töteten Victor Sayenko und Igor Suprunyuk 21 Menschen auf diese oder ähnliche Weise und filmten die Morde. ⟶

Fotos: Shutterstock; iStockPhoto

Luka Rocco Magnotta ist ein Pornostar, ein Beauty-Model, eine Internet-Celebrity, einer, der bewundert werden will. Aber wer ist der Mann, der solche Hassbotschaften schreibt?

Kurz vor Weihnachten stellt Magnotta das erste eigene Video online: „1 Junge, 2 Kätzchen". Es ist das Video, in dem er die Katzen in einen Plastikbeutel steckt und mit einem Staubsauger die Luft aus dem Beutel saugt. Tierschutzaktivisten bieten 5000 Dollar Belohnung für Informationen, die zur Ergreifung des „Staubsauger-Kätzchen-Mörders" führen. Über ein Bild, das Magnotta früher schon online gestellt hat und auf dem er mit beiden Katzen zu sehen ist, stellen die Internetdetektive innerhalb weniger Tage die Verbindung zu ihm her. Ein anonymer Informant bestätigt ihnen diesen Verdacht per E-Mail. Polizisten und Psychiater werden sich später einig sein: Vermutlich war dieser Informant Magnotta selbst.

Doch die Internetdetektive können den Aufenthaltsort des Katzenmörders nicht herausfinden. Magnotta hat zu diesem Zeitpunkt wenigstens 70 Facebook-Profile angelegt. Und 20 Websites. Er ist Vladimir Romanov und Mattia del Santo. Er ist Jimmy, Justin und Angel. Er ist Kirk Trammel. Er lebt in Russland, Boston, Miami. Er lebt in Paris und New York. Seiner Mutter erzählt er am Telefon, er sei jetzt verheiratet und habe ein Kind. Bei einem Fotoshooting spricht er durchgehend mit russischem Akzent.

Im Dezember 2011 erscheint auf Youtube ein Video mit dem Titel „Weihnachten für den Python". Magnotta verfüttert darin ein Kätzchen. In dem Film „Badezeit" klebt er ein Kätzchen an einen Besenstiel und ertränkt es in der Wanne. Die Aktivisten kontern mit einem Videoaufruf, der mehrere Bilder von Magnotta zeigt. Die britische Boulevardpresse mischt sich ein. Tatsächlich wird Magnotta zu dieser Zeit in London gesichtet. Ein Reporter der „Sun" konfrontiert ihn in einem Pub. Zwei Tage später erhält der Reporter eine E-Mail: „Wenn man erst mal Blut geleckt hat, ist es unmöglich aufzuhören. Der Drang ist einfach zu stark ... Das nächste Mal, dass Sie von mir hören, wird in einem Video sein, das ich gerade mache. Mit ein paar Menschen darin, nicht nur Muschis." Unterzeichnet ist die Mail mit „John Kilbride – (Oder doch nicht?)". Kilbride war eines der Opfer des britischen Kindermörder-Paares Myra Hindley and Ian Brady.

*

Im Januar 2011 ist Magnotta wieder in den USA. Polizisten bringen ihn in die Notaufnahme des Mount-Sinai-Krankenhauses in Miami, Florida. Sie haben ihn am Strand gefunden. Der Krankenschwester sagt Magnotta, er könne sich nicht erinnern, wie er nach Miami gekommen ist. Sein gewalttätiger Ex müsse ihn hierher verschleppt haben. Der Ex habe ihm was in den Drink gemischt, ihm Handschellen angelegt, ihn vergewaltigt und dabei gefilmt. Magnotta fürchtet sich vor ihm. Dass er wiederkommt und ihn holen wird. Die Schwestern notieren abgeflachte Emotionen und Verwirrung. Ihr erster Eindruck ist der einer akuten Psychose. Der Patient hat keine Verletzungen. Nur seine Haut ist sonnenverbrannt. In seinem Blut finden sich keine Spuren von Drogen. Nein, sagt der Patient auf Fragen der Ärzte, er habe keine psychiatrische Vorgeschichte. Eine Psychiaterin notiert Angstzustände, Paranoia und Verwirrung. Ihre Diagnose: „Psychose". Im Entlassungsbericht steht: „Nicht weiter spezifizierter Drogenmissbrauch."

*

Elyn Saks ist, den langen und fortgesetzten Jahren ihrer Krankheit zum Trotz, Jura-Professorin, Professorin in Psychologie, Psychiatrie und Verhaltenswissenschaften. Dass das möglich ist, sagt sie in einem TED-Talk, verdanke sie drei Umständen: erstens den Jahren der kontinuierlichen Psychotherapie und einer exzellenten Einstellung mit Psychopharmaka. „Zweitens habe ich Familie und Freunde, die mich und meine Krankheit kennen. Diese Beziehungen haben meinem Leben Bedeutung und Tiefe gegeben, sie leiten mich durch die symptomatischen Phasen." Zum Dritten finde sie intellektuelle Stimulation in ihrer Arbeit und habe die volle Unterstützung ihres Arbeitgebers, der juristischen Fakultät in Los Angeles. Trotz alldem habe sie erst spät gewagt, offen über ihre Krankheit zu sprechen. „Das Stigma, mit dem unsere Gesellschaft psychisch Kranke belegt, ist zu mächtig."

Seit vier Tagen wird Jun Lin vermisst, als ein Hausmeister im Müll vor dem Wohnblock einen verdächtigen Sack bemerkt

Saks kämpft für ein Ende ihrer Kriminalisierung. Zwar ist laut internationalen Studien das Risiko der Gewalttätigkeit und Kriminalität für Schizophrenie-Kranke um das Vier- bis Sechsfache erhöht. Und doch wird die große Mehrheit nie gewalttätig. Zugleich ist ihr Risiko, Opfer eines Verbrechens zu werden, viermal so hoch wie das Risiko psychisch Gesunder. Saks fordert mehr Forschung. Und eine frühzeitige, adäquate Behandlung.

*

Am 17. April 2012 meldet sich Magnotta im Jewish General Hospital in Montreal. Er klagt über Schlaflosigkeit. Er sei leicht reizbar und impulsiv. Er erzählt dem diensthabenden Psychiater, Joel Paris, von seiner Vorgeschichte mit paranoider Schizophrenie. Er sagt, er höre oft Stimmen. Er fürchte, jemand sei hinter ihm her. Er sagt, er fühle sich sein Leben lang leer. Er reiße sich die Haare aus. Der Psychiater verschreibt Antidepressiva, gegen das Haareausreißen, und schickt Magnotta zur weiteren Behandlung an ein Gesundheitszentrum der Gemeinde.

Wenige Wochen darauf findet Mike Nadeau den Koffer.

MAGNOTTA SAGTE AUS, JUN LIN HABE SICH AM VORTAG DES MORDES AUF SEINE CRAIGSLIST-ANZEIGE GEMELDET: „Suche Partner für Dreier, Party und Spiel." Am Abend des 24. Mai hätten sie sich bei McDonald's an der Snowdon Metro Station verabredet und seien dann gemeinsam zu dem Apartment gegangen. Magnotta schilderte dem Gutachter den weiteren Verlauf des Abends.

Lin raucht einen Joint und spricht über Bondage-Sex. Lukas Telefon beginnt zu klingeln, noch nimmt er nicht ab. Lin fesselt Luka. Der Sex ist grob. Er tut Luka weh. Lin löst auf seinen Wunsch die Fesseln, und Luka geht ins Bad und weint. Er nimmt seine Beruhigungspillen, Lin will auch welche. Das Telefon klingelt immer wieder. Luka geht ran. Es ist Manny. „Warum verflucht noch mal bist du nicht eher drangegangen!", brüllt er.

Luka geht kurz mit seinem Welpen raus. Zurück in der Wohnung ruft Manny wieder an. Luka soll das Telefon auf Lautsprecher stellen. Manny spricht jetzt mit Lin. Luka fühlt sich nicht gut. Er würde das alles hier gern hinter sich bringen, den Sex. Er ist wund. In seinem Kopf sprechen plötzlich die Stimmen, aber er kann nicht verstehen, was sie sagen. Manny und Lin haben ihr Telefonat beendet. Aber das Handy klingelt und klingelt schon wieder. Luka geht wieder ran. „Lin will dich ficken", sagt Manny. „Wahrscheinlich hat er dir etwas in deinen Drink getan", sagt Manny. „Guck draußen nach Autos mit getönten Scheiben", sagt Manny. Luka fühlt sich schwindlig. Sein Hirn rast. Er hat Angst. „Der könnte ein Spion der Regierung sein", sagt Manny. Manny will einen Dreier, Lin sagt Nein. „Stell die Webkamera an", sagt Manny zu Luka. Das ist für Lin okay. ⟶

Fotos: Getty Images; Dave Sidaway/Postmedia News/Polaris/laif; iStockPhoto

Er will jetzt von Luka gefesselt werden. Da weiß Luka: Lin ist ein Spion. „Tu es", sagen die Stimmen. „Schneide."

Danach erinnere er sich nicht mehr an viel. Dass ihm schlecht war. Dass er kotzte. Dass er in Ohnmacht gefallen sein musste. Als er aufwachte, habe Manny versprochen: „Ich regele das."

*

Eine Woche bevor „1 Verrückter, 1 Eispickel" online erscheint, tauchen in diversen Foren User auf und fragen nach dem Video. Sie hätten „gehört", es zeige einen echten Mord mit anschließender Zerstückelung. In „Psychforums" schreibt einer: „Ich recherchiere das und bin für alle Hinweise und Ratschläge SEHR dankbar. Ist der ein Psychopath oder Asozialer oder was?" Ein anderer antwortet: „Ich weiß nicht, wer der ist. Ich glaube, er wurde nie gefasst." Es steht für die psychiatrischen Gutachter außer Zweifel, dass Magnotta diese Posts schrieb.

AUCH DIESES VIDEO MUSS KEINER, DER NICHT POLIZIST, PSYCHIATER ODER JURIST IST, SEHEN. Aber vielleicht ist es hilfreich, zu wissen, was es zeigt. Um das Ausmaß des Wahnsinns oder der Bösartigkeit hinter der Tat zu ermessen. Und zwischen beidem, so gut es möglich ist, zu unterscheiden. Die folgende Beschreibung des Inhalts ist Cara Lee Carters „Canadian Psycho – The True Story of Luka Magnotta" entnommen. Das Video ist zehn Minuten und elf Sekunden lang.

Anfangs zeigt es einen Mann, der nackt und gefesselt auf einem Bett liegt. Sein Mund und seine Augen sind mit einem Schal bedeckt. Er lebt und ist offenbar unverletzt. Im Hintergrund läuft der Song „True Faith" der britischen Band New Order: „Etwas hat mich im Griff; gibt mir das Gefühl, dass ich in Bewegung bin; ein plötzliches Gefühl von Freiheit; ist mir egal, denn ich bin nicht da."

Magnotta, der eine Maske trägt, sitzt jetzt auf der Brust Jun Lins. Dann positioniert er die Kamera neu, geht an Lins Seite und sticht mit einem Schraubenzieher auf seinen Torso und den rechten Arm ein. Die Gestalt auf dem Bett regt sich nicht. Offenbar ist Lin zu diesem Zeitpunkt schon tot. Magnotta bewegt die Kamera näher an den Toten heran. Er zieht ihm den Schal vom Gesicht. Die Kehle ist durchgeschnitten und die Matratze blutdurchtränkt.

Er schneidet in Lins Arme und Beine. Die Kamera zeigt jetzt Lins Kopf, der nicht mehr mit dem Körper verbunden ist. Magnotta rollt den Kopf herum. Er dreht den Körper auf den Bauch. Er schneidet tief in den Arm, unterhalb der Schulter, und zeigt die klaffende Wunde in Großaufnahme. Er trennt den Arm ab. In der nächsten Einstellung ist Jun beinahe nur noch Torso. Magnotta tut, als ob er von dem Toten isst. Er lässt einen schwarz-weißen Hundewelpen ins Zimmer, der an dem Torso nagt. Der Hundewelpe liegt später tot neben Lins Überresten im Müll.

Das Video schließt damit, wie Magnotta mit Lins abgetrennter Hand masturbiert. →

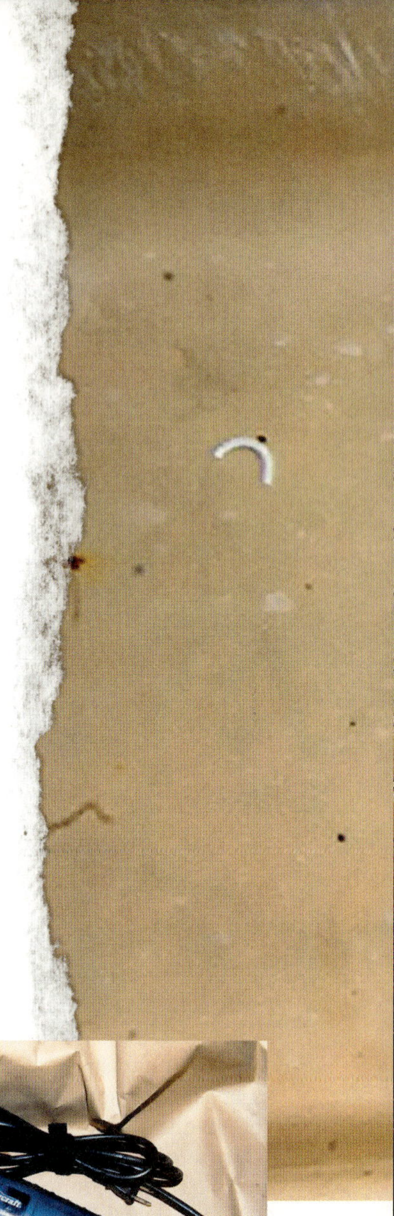

Fotos: Shutterstock; iStockPhoto

Was man im Apartment findet, weist auf einen Täter hin, der wie von Sinnen gehandelt hat

Die Sache mit den Katzen war nur ein Vorspiel für Magnotta und seinen Freund. Doch viele empören sich darüber mehr als über alles, was noch folgte

Das Video wurde von Hunderttausenden gesehen. Rund 300 000 Mal – über einen Vier-Stunden-Zeitraum an einem einzigen Tag. Es wurde Hunderttausende Male geteilt. Zuschauer meldeten es der Polizei in Toronto und dem amerikanischen FBI. Beide hielten es für eine Fälschung. Die Zeitungen nannten es später eine „Internetsensation“. Als es später vor Gericht gezeigt wurde, hielt der Mann, der sich gefilmt hatte, wie er auf Jun Lin einstach und ihn zersägte, die Hand über den Mund und die Augen geschlossen. Am Ende der Beweisaufnahme brach er zusammen.

*

Der Prozess gegen Luka Rocco Magnotta dauerte mehr als zwölf Wochen. Am 23. Dezember 2014 befand ihn die zwölfköpfige Jury des Mordes an Jun Lin für schuldig. Schuldig auch in allen anderen Anklagepunkten: Leichenschändung, Verbreitung obszönen Materials, Missbrauch der Post zur Verbreitung obszönen Materials und kriminelle Belästigung. Das Gericht verurteilte Magnotta zu lebenslanger Haft. Er muss 25 Jahre davon verbüßen, bevor er erstmals einen Antrag auf Bewährung stellen kann.

Während des Prozesses schwieg er.

„Er zeigt kaum Emotionen“, schrieb die Gefängnispsychiaterin Renee Roy nach den ersten Treffen mit ihm in ihren Notizen für das Gericht. Nur einmal, als eine Nonne starb, die ihn betreut hatte, zeigte er Gefühl. Er habe sich auch gefreut, als er neun Monate nach seiner Verhaftung erstmals wieder von seiner Mutter, Großmutter und seiner Schwester hörte.

Anfangs habe Magnotta regelmäßig Marilyn Monroes Stimme gehört. Der Killer Jason aus dem Horrorfilm „Freitag, der 13.“ habe ihn durch seine Träume gejagt. Magnotta habe beklagt, dass in seiner Zelle versteckte Kameras installiert seien, die jede seiner Bewegungen beobachteten. Mithäftlinge tuschelten über ihn. Der neue Wärter sei von oberster Stelle geschickt worden, um ihm etwas anzutun. „Seit Mister Magnotta regelmäßig seine Medikamente nimmt, werden die Halluzinationen und Wahnvorstellungen weniger“, schrieb Roy.

Im Sommer 2017 heiratete er im Port-Cartier-Hochsicherheitsgefängnis den Mithäftling Anthony Jolin. Auch Jolin sitzt lebenslänglich. Zunächst wegen Raubes inhaftiert, tötete er 2003 im Duschraum des Gefängnisses einen Mithäftling. Neben Bildern mit Herzen, Fotos und Porträtzeichnungen von Marilyn Monroe hängen an Magnottas Zellenwand zwei Sprüche: „Eure Meinung interessiert mich nicht im Geringsten“. Und: „Immer noch der Tollste!“ Einmal wollte er einen Entschuldigungsbrief an Jun Lins Mutter schreiben. „Da sprechen Sie vorher vielleicht besser mit Ihrem Anwalt“, riet Roy.

DIE KATZENMORDVIDEOS. Die vielen Internet-Identitäten und angeblichen Aufenthaltsorte. Die Ankündigung des Mordvideos im Netz, zehn Tage bevor es erschien. Der Staatsanwalt Louis Bouthillier wertete all das als Beweis dafür, dass Jun Lins Mord geplant und Luka Magnotta darum zurechnungsfähig war: Er habe gewusst, was er tat. Und er wusste, dass das, was er tat, falsch war. Der Staatsanwalt stützte sich auf das Gutachten des Psychiaters Gilles Chamberland, von dem sich Magnotta nicht persönlich befragen ließ, und auf die Diagnose des Arztes Joel Paris vom Jewish General Hospital, der Magnotta kurz vor dem Mord Antidepressiva verschrieben hatte.

Mit den Symptomen von Schizophrenie vertraut, habe Magnotta über Jahre hinweg bei Ärzten und in psychiatrischen Ambulanzen Wahnzustände vorgetäuscht, sagte der Staatsanwalt. Und mit kaltem Kalkül eine Verteidigung aufgebaut für einen Mord, den er noch nicht begangen hatte. Um später „mit Schizophrenie davonzukommen“. „Wissen Sie, dass Mister Magnotta Schauspieler ist?“, fragte Bouthillier den Berliner Psychiater Thomas Barth, der Magnotta Schizophrenie diagnostiziert hatte. „Nein“, sagte Barth verblüfft.

„Davonkommen“. In Magnottas Fall hätte das geheißen: Unterbringung und Behandlung in einer geschlossenen psychiatrischen Klinik. Statt bloßer Verwahrung in einem Hochsicherheitsgefängnis.

Foto: iStockPhoto

CINEMA –
DIE NR. 1 FÜR FILMVERRÜCKTE
Wenn Catwoman von Batman träumt: das Beste aus Kino, auf DVD und Blu-ray. Dazu Reportagen, Interviews, Kritiken und die Streaming-Highlights von Netflix, Amazon & Co. CINEMA: von Fans für Fans.
cinema
DAS HEFT: JEDEN MONAT NEU IM HANDEL
DAS GROSSE 007-SPECIAL: SEAN CONNERY & CO. IM INTERVIEW
DIE GROSSE SERIEN-VORSCHAU
FEUER FREI FÜR „FREE GUY"
RETTER DES KINOS
MUMIEN MONSTER MUTATIONEN
JAMES BOND 007

27. AUGUST 2018, HAMBURG

Der Bentley von Dariusch F. Fünf Kugeln hat der Auftragskiller auf den „Hells Angel" abgefeuert

„MENSCH, DAS IST DER WAGEN VON DARIUSCH"

Auf St. Pauli sind Schüsse gefallen. Sofort rast **Michael Arning** hin. Der Mann, der getroffen wurde, ist kein Unbekannter auf dem Kiez

Es war absehbar gewesen, dass etwas passieren würde. Der Rockerkrieg in Hamburg hatte sich hochgeschaukelt. 2014 waren die Mongols in die Stadt gekommen. Sie machten sich auf der Reeperbahn im Rotlichtmilieu breit, in Spuckweite der Hells Angels, die den Kiez dominierten. Arasch, Vizechef der Mongols, brach einem Hells Angel die Nase. Auf Facebook postete er ein Foto eines Tattoos auf seinem Kopf: „Fuck Hells Angels"

Im Sommer 2016 drang ein maskierter Mann in Araschs Elternhaus ein und schoss ihn und seine Freundin nieder. Die beiden überlebten, die Polizei konnte den Anschlag nie aufklären. Doch es war bekannt, wen Arasch für den Täter hielt: Dariusch, einen ranghohen Hells Angel, genannt „der Schlächter".

Zwei Jahre später, um kurz nach Mitternacht, rief mich ein Informant an. Ich lag zu Hause auf der Couch. Am Millerntorplatz sei etwas passiert, sagte er, die Polizei ziehe Kräfte aus der ganzen Stadt zusammen. Auf der Hinfahrt überholten mich mehrere Streifenwagen, kurz vor St. Pauli kam mir ein Rettungswagen entgegen. Der Tatort war weiträumig abgesperrt. Ich ging so nah wie möglich ran, um meine ersten Bilder zu machen. Da sah ich den weißen Bentley. Die Tür stand offen. Blut war auf die Straße getropft.

Am Tatort standen etliche Polizisten, daneben ein paar Augenzeugen, die alle ziemlich aufgelöst waren. Schnell sprach sich herum, was geschehen war. Ein Mercedes hatte an der Ampel neben dem Bentley gehalten, dann waren Schüsse gefallen. Ein Kollege sagte: „Mensch, das ist doch der Wagen von Dariusch."

Kurz darauf fuhren immer mehr dicke Autos am Tatort vorbei, und es versammelten sich immer mehr Männer, die offensichtlich Rocker waren. Die standen an der Absperrung und diskutierten. Kutten trugen sie nicht, aber einige kennt man ja vom Sehen. Und sie verhielten sich, wie Rocker es meistens tun: Wenn man als Fotograf in ihre Richtung geht, gucken sie nicht gerade freundlich. Oder sie drehen sich weg, sobald man sie anschaut.

Arasch saß zu der Zeit im Gefängnis, wegen Drogenhandels und unerlaubten Waffenbesitzes. Doch die Staatsanwaltschaft war überzeugt davon, dass er der Drahtzieher war. Und dass seine Freundin den Mercedes gefahren hatte. Der Schütze blieb unbekannt. 2019 sprach das Landgericht Hamburg das Paar schuldig. Doch weil der Richter das schriftliche Urteil einen Tag zu spät einreichte, wurde die lebenslange Freiheitsstrafe für Arasch aufgehoben. Der Prozess ging Monate später von vorn los, und diesmal saßen noch zwei weitere Männer auf der Anklagebank. Die bulgarische Polizei hatte in der Zwischenzeit den Schützen gefasst, einen Auftragskiller. Er hatte Araschs Vater als weiteren Drahtzieher benannt.

Heute sind alle vier im Knast. Dariusch hat die Schüsse überlebt und sitzt im Rollstuhl, er ist querschnittsgelähmt. Der Rockerkrieg hat sich beruhigt, die Mongols gelten als aufgelöst. ●

Protokoll: Simon Langemann

Michael Arning, 53, fährt seit Mitte der 1990er als Polizeireporter durch die Stadt. Er ist freier Fotograf und arbeitet hauptsächlich für das „Hamburger Abendblatt"

Fotos: Michael Arning

S

Gangster-Braut. Bank-Räuberin. Lady-Boss.

Ihr Name: Linda Calvey.

Die gefährlichsten Männer Londons verfielen ihr.

72 Jahre ist sie heute alt, ihrer Wirkung ist sie sich immer noch sicher

I E

Für alle ging es schlecht aus

VON **CORNELIA FUCHS**

Es gibt dieses Porträt von Linda Calvey, geborene Welford, 19 Jahre ist sie da alt und sitzt auf einem sehr plüschigen Sofa. Die Beine in durchscheinenden schwarzen Nylonstrumpfhosen hat sie übereinander geschlagen, der Rock sitzt eng, darüber der schlanke, nackte Bauch, dann ein schwarzes Nichts mit einer Schleife unter einem tiefen Dekolleté, in dem eine lange Kette mit großem Anhänger baumelt. Linda blickt direkt in die Kamera, ihr platinblondes Haar gescheitelt, die Wimpern lang und stark geschminkt. Herausfordernd schaut sie, und wenn man die Hintergründe des Bildes nicht kennt, würde man kaum glauben, dass es irgendwann 1967 aufgenommen wurde, vor dem Summer of '68. Da sitzt eine Frau, die sich schon von vielem befreit zu haben scheint, weit vor ihrer Zeit.

Später sollte sie erzählen, dass ihr Mann Mickey dieses Bild geliebt habe und dass er es in seiner Zelle in Wandsworth an die Wand heftete, um sie immer im Blick zu haben. Das ist die eine Seite der Linda Calvey: die Gangsterbraut, die den härtesten Verbrechern ihrer Zeit den Kopf verdrehte. Wobei die dann allesamt im Gefängnis endeten. Oder als Leiche.

Heute benutzt Linda Calvey das Bild für Autogramme. „Best wishes, The Black Widow", schreibt sie dann in eine Ecke und malt ein kleines Netz darunter, mit einer Spinne. Das ist die andere Seite der Linda Calvey: die schwarze Witwe, heute 72 Jahre alt, die ihr wildes Leben zwischen Raubüberfällen und Morden für eine neue Karriere als Autorin nutzt. In Großbritannien ist sie Teil einer Art Wanderzirkus der Gangster, der die Nostalgie für angeblich bessere Zeiten im Londoner East End der 1960er bedient, als Mobster noch anständig gewesen sein sollen und Frauen und Kinder ordentlich behandelt hätten. Es gibt Stadtführungen und Talkshows mit den wenigen übrig gebliebenen Protagonisten dieser Zeit, Linda Calvey ist da gern gesehener Gast. Ihr Buch hat sie im Londoner Pub „Blind Beggar" vorgestellt, hier haben die berüchtigten Kray-Twins gemordet, als sie die Organisierte Kriminalität im Londoner East End beherrschten.

Jahrelang hat Linda Calvey an ihrer Autobiografie geschrieben, sagt sie. Immer wieder weggelegt, dann wieder aufgenommen. Heute erzählt sie die Anekdoten ihres Lebens in Talkrunden, Interviews und Gesprächen wie diesem hier mit *stern* Crime freigebig, die Stimme tief und rauchig, mit dem Dialekt des Londoner Ostens. Wer ihr öfter zuhört, erkennt bald, dass sich die Geschichten oft bis aufs Wort gleichen, sie stets dieselben Redewendungen verwendet. Mein Leben war wie eine Achterbahn. Alles, was ich schreibe, ist wahr.

Und: Eine ihrer Wahrheiten besagt, dass sie keine Mörderin sei – obwohl Linda Calvey 1991 rechtskräftig verurteilt wurde, für den Mord an Ron Cook, einem Gangster und Calveys Liebhaber. Doch Linda Calvey besteht darauf, dass die Polizei Beweise habe verschwinden lassen, die sie entlastet hätten. In ihren Erzählungen wiederholt sich dieser Vorwurf: Die Polizei hat sie und ihre Familie drangekriegt, hat gelogen, Beweise verfälscht, Experten haben vor Gericht falsch ausgesagt. Linda Calvey behauptet auch, dass sie Beweise habe für die Korruption der Polizei. Doch in all den Jahren im Gefängnis wurden alle ihre Bemühungen um Wiederaufnahme des Verfahrens abgelehnt.

Wozu sie jedoch steht, mit einem gewissen unverhohlenen Stolz, ist die Karriere als bewaffnete Räuberin. Von den Überfällen erzählt sie, als entwerfe sie ein Drehbuch. Das ist die dritte Seite von Linda Calvey: die Fluchtauto-Fahrerin, die Maskierte, die skrupellose Banditin.

Bis heute sagen die Leute, es gab nur eine wie mich. Und das stimmt. Sie sagen, ich war wirklich einzigartig, damals. Und ich denke – yeah, das war ich wohl.

Ihr Fuß stand auf dem Gaspedal. Die Männer sprangen ins Auto, Haube auf, Gewehre in der Hand. Und los ging es, die Straße runter, um die Ecke, stehen geblieben in einer Seitenstraße. Einer riss sich die Maske vom Gesicht, stieg aus, warf die Handschuhe durchs Fenster zurück, entfernte sich, langsam, ruhig. Sie trat wieder aufs Gaspedal. Der zweite packte die Gewehre in eine Tasche, sie raste um die nächsten beiden Ecken, hielt an, er sprang heraus mit der Tasche. Noch einmal das Gaspedal, sie hatte die Handschuhe noch an, verdächtig war das. Und sie konnte sie erst ausziehen, wenn sie aus dem gestohlenen Wagen ausstieg, die Fingerabdrücke.

Fotos: vorige Seite: Richard Payne/Mirror Books; diese Seite: INS News Agency Ltd; Collect Linda Calvey

„Moral war nichts für Leute wie mich. Wir konnten sie uns nicht leisten"

Das Porträt zeigt sie, als sie 19 ist. Sie schickt es heute als Autogrammkarte an Fans (l.). Linda Calvey im Kreise einiger ihrer Geschwister (M.)

Da stand ihr eigenes Auto. Sie hielt wieder an. Stieg aus. Schaute noch einmal nach, ob sie nichts vergessen hatte. Stieg in ihr Auto ein, drehte die Zündung. Und fuhr davon. Sie hatte es getan. Auf offener Straße mitten am Tag in London den Geldtransport einer Bank überfallen.

Es lief ab wie in den Filmen, aber es war mein Leben. Ein Raubüberfall, dieses Adrenalin. Danach fühlte ich mich, als würde ich auf Luft laufen.

Linda Calvey wurde 1948 im Osten von London geboren, in Ilford, als zweites von neun Geschwistern. Ihre Familie war typische Arbeiterklasse der Nachkriegsjahre, der Vater stellte Eisenhaken für Hafenarbeiter her, ihre Mutter hatte einen Stand auf einem der lokalen Märkte, für Perücken. Als sie fünf Jahre alt war, zog die Familie ins Londoner East End, notorische Heimat vieler Gangs und Verbrecher. Und ebenso bekannt für eine alles bestimmende Armut. Die elfköpfige Familie lebte in drei Zimmern. Linda musste mit 15 Jahren anfangen zu arbeiten. Sie träumte da schon längst von mehr, liebte teure Kleider, Pelze, Petticoats, Diamantenohrringe und schicke Autos.

Wir wollten mehr, als uns zugestanden wurde. Und wir sahen keine Chance, es je zu bekommen – jedenfalls nicht auf legalem Weg. Moral war nichts für Leute wie mich. Wir konnten sie uns nicht leisten. Moral war für die Reichen in ihren Glashäusern mit tollen Jobs und schicken Frauen. Moral war dafür da, uns kleinzuhalten. ⟶

Mit 19 Jahren traf Linda auf einer Party einen Mann mit einer besonderen Aura, Mickey Calvey. Er kam gerade aus dem Gefängnis, Raubüberfälle. Ihre Familie hatte zuvor keinen Kontakt zu Gangstern. „Sei nicht dumm“, sagte die Mutter zur Tochter. „Die Männer sind schuld, dass sie auf die falsche Bahn kommt“, sagte der Vater.

Ich liebte es, wie rasant er aussah, wie glamourös, wie aufregend.

Mickey Calvey kaufte ihr Kleider, sie durfte shoppen, sie hatten als junges Paar ein neues Auto, bald sogar ein eigenes Haus. In der Küche machte Linda Sandwiches für breitschultrige, glatzköpfige Typen, die neue Raubzüge planten. Sie hörte alles mit.

Ich wusste, wo das Geld herkam. Aber es war doch alles versichert, und niemand wurde bei den Überfällen je verletzt – worin bestand also das Problem? Irgendwie hatte ich nie Angst vor diesen gewalttätigen Männern in meinem Haus. Es gab damals keine größere Schande als Typen, die nicht für ihre Familien sorgen konnten. Das zählte. Unsere Männer nahmen, was sie wollten, weil es der einzige Weg war, wie sie es bekommen konnten.

Mickey Calvey ging mit Gewehren aus dem Haus und kam mit Taschen voll Geld wieder, die sie unter den Betten lagerte. Als sie das erste Mal schwanger wurde, verurteilte das Gericht ihn für mehrere Raubüberfälle. Bevor sie ins Krankenhaus fuhr, zog sie sich einen Ehering über, obwohl sie noch nicht verheiratet waren. Und dann kam jeden Tag ein anderer Mr Calvey an ihr Krankenbett und brachte Blumen – Kumpanen ihres Mannes, die in seinem Auftrag nach ihr schauen sollten. Tochter Melanie traf ihren Vater das erste Mal in einem Besucherraum im Knast. Als Mickey Calvey entlassen wurde, raubte er gleich weiter. Sie heirateten, Sohn Neil wurde geboren, Mickey Calvey kaufte ein größeres Haus, noch mehr Kleider für sie. Und er wollte einen größeren Coup. Dazu brauchte er Verbindungen, jemanden, der mehr versprach als kleine Geldtransporter.

Linda Calvey traf Ron Cook das erste Mal an einem Samstagabend, sie hatte sich frisiert, Make-up aufgetan, trug aber noch einen blauen Seidenmorgenmantel, als es klingelte. Vor der Tür stand ein Mann in Trainingshose, der auf der Stelle joggte. Als er Linda sah, blieb er stehen und musterte sie von oben nach unten. Er sagte länger nichts. „Ich bin hier, um Mickey zu sehen“, sagte er schließlich.

Für Mickey Calvey sollte Ron Cook das Ticket sein hinaus aus seinem bisherigen Leben, vielleicht zum letzten, großen Raubüberfall, der Geld genug brachte, um sich zur Ruhe zu setzen. Der Überfall auf einen Supermarkt sollte der Test für ihn sein. Doch er kam von diesem Abend nie mehr zurück. Er war erschossen worden von einem Polizisten in Zivil, während er versuchte, ins Fluchtauto zu steigen, in der Hand sein Gewehr.

Mein Herz wurde zu Eis, als mein Mickey starb, ich erinnere mich, wie ich damals eine Frau schreien und schreien hörte und wie ich dachte: Wer schreit denn da so? Und dann hörte ich meinen Schwager sagen: Ohrfeigt sie mal, sie ist hysterisch. Und ich dachte: Ja, bringt sie zur Besinnung. Aber das war ich selbst – ich schrie. Und irgendwas ist damals in meinem Gehirn passiert. Es veränderte mich – und wie ich über die Welt dachte. Komplett. Danach wurde ich mir selbst fremd.

Mickey Calvey wurde begraben, und Ron Cook wich kaum mehr von Lindas Seite. Im East End hatte man Angst vor Cooks Unberechenbarkeit. Aber wenn er wollte, benahm er sich wie ein Gentleman. Und er wollte Linda. Sie ließ es sich gefallen, sie konnte nun das Leben einer reichen Frau führen, Abendkleider, Stilettos, Pelze, ständige Umzüge in immer wieder neue Häuser, Partys mit illustren Gästen, nicht mehr nur im Osten, sondern auch in Soho, in den großen Häusern Londons.

Ich hab mich nie um irgendetwas jenseits dieser Kleider, der Parfümflaschen, der schönen Dinge gekümmert, die ich meinen Kindern kaufen konnte. Hinterfragt habe ich nie etwas. Ich habe in dieser Blase gelebt – ich wollte dies alles besitzen.

Doch dieses Leben hat einen Preis. Als Linda Calvey mit ihren Eltern und Kindern in den Urlaub flog, saß Ron Cook plötzlich auf dem Nachbarbalkon. Später streifte er ihr einen Diamantring über den Finger, dabei war er verheiratet, hatte Kinder. „Du gehörst mir“, habe er ihr damals gedroht. „Nein, tu ich nicht“, antwortete sie. „Dein Sohn ist so ein Hübscher“, sagte er darauf – und Linda Calvey glaubte, er würde sogar

Dass die junge Linda auf die schiefe Bahn gerät, liegt an Typen wie dem Klein-Gangster

Fotos: Mirrorpix/Getty Images(1); Collect Linda Calvey(2); Mirrorpix/Ullstein Bild ihrem Sohn etwas antun, wenn sie nicht spurte. Sie war längst sein Eigentum geworden, er kontrollierte sie, schlug sie, zwang sie zu Sex.

Vor ihm hatte ich Angst. Heute reden alle über häusliche Gewalt. Aber damals wurde so viel, was Frauen angetan wurde, nicht ernst genommen. Die Polizei hat das alles weggewischt.

Eines Abends, um sie zu quälen, erzählt Cook ihr, dass er damals, an dem Tag, an dem Mickey Calvey erschossen wurde, im Fluchtwagen gesessen habe. Und dass er die Tür von innen verschlossen hätte – um Mickey loszuwerden, um sie haben zu können.

Spätestens da wurde Linda Calvey klar, dass ihr Leben zu einem goldenen Käfig geworden war. Sie hatte Angst vor Ron Cook, der sie als Trophäe ansah, ausstaffierte wie eine Puppe. Doch dann hatte Linda Calvey Glück: Cook wurde bei einem seiner Raubüberfälle verhaftet. Er ließ Linda ausrichten, dass er die Jury bestechen werde, er war sich sicher, dass er auch die Justiz in der Hand hätte. Doch er wurde verurteilt, 16 Jahre Knast. Sie war ihn los. Doch Ron Cook setzte aus dem Gefängnis seinen besten Freund auf sie an, einen gewissen Brian. Er sollte auf sie aufpassen. Oder treffender gesagt: sie weiter kontrollieren. Daraufhin tat sie das, was sie am besten konnte: Sie verführte Brian. Und sie begann, mit ihm Raubüberfälle zu planen.

Dieses Gefühl, eine geladene Waffe in der Hand zu halten und mit einer Menge Geld zu entkommen – das war großartiger als alles, was ich je erlebt habe. Jetzt verstand ich alles. Beim ersten Mal kam ich nach Hause und lachte und lachte, mein Gott, ich liebte es. Wenn ich auf diese Frau heute zurückschaue, ist es, als sähe ich jemand vollkommen Fremdes.

Linda fuhr das Fluchtauto. Und sie stand mit der Waffe im Hintergrund, drohend, während ihre Komplizen das Geld einsammelten, ohne ein Wort zu sagen. Sie wollte sich durch ihre Stimme nicht als Frau verraten.

Ich bin immer schon sehr ruhig gewesen in schwierigen Situationen. Das habe ich von meiner Mutter. Sie hatte neun Kinder und arbeitete. Sie war immer extrem ruhig, zum Beispiel, wenn wir einen Unfall hatten. Sie sagte stets: Kein Grund, hysterisch zu werden.

Über 20 Raubüberfälle gelangen Linda Calveys Bande. Bis ein Privatdetektiv, den Brians Frau auf ihn und Linda Calvey angesetzt hatte, die beiden bei einem Coup beobachtete und alles sofort den Behörden meldete.

Erst als ich damals in die Pistole des Polizisten schaute, wurde mir klar: Mein Gott, was habe ich getan. Vorher habe ich mir immer gesagt – das Geld ist versichert, wer kommt zu Schaden? Um die Angestellten habe ich mir nie Gedanken gemacht. Es war fast, als ob ich in dem Moment aufgewacht bin, als die mich festnahmen.

Linda Calvey wurde zu sieben Jahren Haft verurteilt, zu der damaligen Zeit war es eine der längsten Haftstrafen für eine Frau. Nach vier Jahren wird sie vorzeitig entlassen.

Ich habe diese Jahre mit links geschafft – das sage ich jetzt so, ich meine: Ich bin da durchgekommen mit so viel Würde, wie ich konnte. Ich habe nie Ärger gemacht. Und als ich nach Hause kam, war ich demütiger als zuvor.

Ihre Kinder hatten bei ihren Eltern gelebt, jetzt wollte Calvey für sie da sein. Sie eröffnete ein Gardinengeschäft, „Curtain Matters“. Doch Ron Cook war nicht aus ihrem Leben verschwunden, er durfte seine Haftstrafe nach einer gewissen Zeit im teiloffenen Vollzug absitzen. Linda Calvey hatte Angst. Was, wenn er von ihrer Affäre mit Brian erfuhr? ⟶

„Dieses Gefühl, eine Waffe in der Hand zu halten und mit einer Menge Geld zu entkommen – das war großartiger als alles, was ich je erlebt habe“

Mickey Calvey, dem Vater ihres Sohnes Neil. Mickey wird 1979 bei einem Raubüberfall erschossen

Die Torte zum 70. Geburtstag

Kaum eine Frau saß in England so lange im Gefängnis wie Linda Calvey (o.). Als sie mit Ron Cook zusammen ist (l.), lernt sie Danny Reece kennen, den sie später hinter Gittern heiratet

Auch war vom Geld, das er ihr zur Aufbewahrung überlassen hatte, nicht mehr alles da.

Während der Besuche bei Ron Cook im Gefängnis hatte sie jemand kennengelernt, Danny Reece. Einen grobschlächtigen Riesen. Er saß ein wegen schwerer Vergewaltigung. Er hatte 1986 eine Frau vor den Augen ihres Mannes misshandelt, aus Rache. Danny Reece war allerdings für etwas anderes berüchtigt: Auftragsmorde auszuführen.

An einem Sonntag, Ron Cook hatte Ausgang, holte Linda Calvey ihn ab, sie fuhren zu sich nach Hause. Kaum dass er die Küche betreten hatte, wurde auf ihn geschossen. Die Kugeln trafen ihn von hinten in den Rücken und am Arm, daran starb er noch nicht. Die zweite Salve traf ihn mitten ins Gesicht. Gehirn und Blut flogen quer durch die Küche. Linda Calvey behauptet, dass sie, nachdem ein maskierter Mann den ersten Schuss abgegeben hatte, in einer Ecke kauerte. Als er ein zweites Mal schoss, spritzte Cooks Blut auch auf sie. Als sie aufblickte, schob der Mann seine Maske zur Seite, sie erkannte Danny Reece, der ihr zunickte und sagte: „You will be alright." Alles wird gut. Und dann weglief.

Die Ermittler glaubten ihr allerdings nicht. Vor Gericht klagte die Staatsanwaltschaft sie an, Danny Reece 10 000 Pfund bezahlt zu haben, um Ron Cook zu beseitigen, und ihn gemeinsam umgebracht zu haben. Sie streitet diesen Vorwurf bis heute ab.

Die Staatsanwaltschaft ging von folgendem Tathergang aus: Reece feuerte tatsächlich den ersten Schuss, aber – ob in Panik oder weil sein Kumpan Ron Cook ihn anflehte – er konnte mit dem Auftragsmord nicht fortfahren. Linda Calvey soll ihm daraufhin das Gewehr entrissen und Cook befohlen haben: „Kneel!" – knie nieder!, und ihm eine Kugel mitten in sein Gesicht gefeuert haben.

Linda Calvey erzählte damals vor Gericht immer wieder ihre Version, bestand darauf, dass sie Ron Cook nicht erschossen habe.

Ich brüllte nach meinem Sohn, „Neil!", nichts anderes. Das hat auch meine Nachbarin bestätigt. Ich glaube, es war mein Ruf, der mich vorverurteilt hat. Mein Ruf als Schwarze Witwe.

Ich habe inzwischen mit Polizisten gesprochen, die mir sagten: Unter uns – wir wissen, dass du die Wahrheit sagst. Aber wir können es so nicht sagen. Aber que sera – was kann ich machen?

Die Jury glaubte ihr trotz aller Beteuerungen nicht, sie wurde schuldig gesprochen, lebenslang, achtzehneinhalb Jahre sollte sie dieses Mal hinter Gitter. Es gibt wenige Frauen in Großbritannien, die mehr Zeit im Knast verbracht haben als Linda Calvey. Die Kinder mussten wieder zu ihren Eltern, rebellierten, nahmen Drogen, lebten zeitweise auf der Straße. Ihre Tochter heiratete. Ohne ihre Mutter.

Ich habe immer zu ihnen gesagt: Ihr hattet echt Pech mit mir als Mutter. Und sie sagen, nein, wir würden dich niemals tauschen wollen. Ihr Vater war getötet worden, ich verschwand, sie mussten damals in jungen Jahren viel verarbeiten. Meine Eltern sind inzwischen verstorben, aber am Ende waren sie stolz auf mich. Meine Geschwister auch. Sie haben mich alle weiter unterstützt. Mich verbindet jetzt ein tolles Verhältnis zu meinen Kindern.

Nichts habe sie mit Danny Reece verbunden, behauptet Linda heute. Er sei nur ein Kumpel gewesen. Und dennoch heiratete sie ihn, den Vergewaltiger, den Mittäter. Eine Gefängnisehe. Als ob sie ihren Ruf als Verbrecherbraut der Welt immer wieder beweisen wollte.

Das ist alles schwer zu erklären. Im Gefängnis ist es wie in einer eigenen Welt. Man könnte genauso gut auf dem Mond sein, es ist so weit entfernt von der Normalität. Dein Denken dreht sich allein um die Menschen, mit denen du da zu tun hast. Und ich dachte, er versteht mich und meine Situation. Und so kamen wir auf die Idee mit der Heirat. Und dann sagten die Mädels im Knast: Oh, wie aufregend! Und als Danny und ich dann sagten – nein, wir wollen doch nicht, das war eine zu blöde Idee, das hat die Frauen alle so enttäuscht. Also heirateten wir für die anderen, um sie glücklich zu machen. Nach einem Jahr haben wir uns wieder scheiden lassen. Es war wirklich reiner Irrsinn, das Ganze.

Blond, dreist, kaltherzig. Die Boulevardblätter berichteten immer wieder über Linda Calvey. So stand sie gleichzeitig mit den drei gewalttätigsten Verbrechern des Landes in Kontakt, via Brief von Gefängnis zu Gefängnis: Reggie Kray, der Gang-Boss des Londoner East End, wollte sie heiraten, ⟶

Fotos: James Horton/UPPA/Photoshot; INS News Agency Ltd; Collect Linda Calvey

WAHRE GESCHICHTEN ERLEBEN.
Für Schüler und Studenten nur 18,– € statt 36,– €
// Nr.29 Wahre Verbrechen
Crime
DER KOPFGELD-JÄGER
Er weiß nicht, wie viele Morde es sind. Doch er muss sie aufklären
BESTIEN
Er kann nicht nur kuscheln. Er kann auch zubeißen
GEFANGEN
Porträt einer Frau, die reizt, was anderen Angst macht: verurteilte Mörder
DER WEISSE TOD
Sie ziehen in die Wildnis. Etwas folgt ihnen
– Das Rätsel vom Djatlow-Pass –
Schüler und Studenten sparen 50%
CRIME IM STUDENTENABO.
Wahre Verbrechen und wahre Geschichten mit 6 Ausgaben Crime erleben.
JETZT BESTELLEN UNTER:
www.stern-crime.de/studentenabo
Tel. 040/5555 78 00 (Bitte immer die Bestell-Nr.: 176 2425 angeben)
6 Ausgaben im Studentenabo für zzt. nur 18,– € (inkl. MwSt. und Versand). Es besteht ein 14-tägiges Widerrufsrecht. Zahlungsziel: 14 Tage nach Rechnungserhalt.
Anbieter des Abonnements ist Gruner + Jahr GmbH. Belieferung, Betreuung und Abrechnung erfolgen durch DPV Deutscher Pressevertrieb GmbH als leistenden Unternehmer.

sie telefonierte gern mit ihm. Charles Bronson, der wahnsinnige Insasse, der immer wieder Menschen im Gefängnis umbrachte, hielt Geiseln, weil er mit ihr sprechen wollte. Und dann natürlich ihr Liebhaber, Danny Reece.

Ich glaube, dass ich mich damals nur von ihnen verstanden gefühlt habe. Ich war einfach keine typische Frau. Reggie hat mir Blumen geschickt. Als sein Bruder Ron starb, an diesem Morgen hat er mich angerufen. Und ich habe ihm gesagt: Gib nicht auf. Denn er hat damals alles dafür getan, dass sein Bruder noch einmal freigelassen wurde. Und er sagte: Ja, ich gebe nicht auf, jetzt kämpfe ich für mich. Ich meine – ich kann mein Leben nicht ändern. Ich bin nicht blöd, ich bin ziemlich intelligent. Eigentlich. Aber was Männer angeht, war ich nicht besonders schlau, oder?

Sie arbeitete in der Bücherei des Gefängnisses, obwohl sie nicht gern Bücher liest. Immer noch nicht, auch heute nicht, als Autorin. Neben der Bücherei war die Wäscherei. Und dort traf sie Myra Hindley, die Moor-Mörderin, die mit ihrem Liebhaber Ian Brady fünf Kinder in der Nähe von Manchester umbrachte und im Moor vergrub (*stern* Crime Nummer 25).

Ich erblickte sie in der Wäscherei, und sie sang dort ein Lied. Da sah ich einfach rot. Es gab dort eine gelbe Linie, die durfte man nicht übertreten. Um sie zu schützen. Aber ich ging hin und gab ihr eine Ohrfeige: „Warum singst du, nach all dem, was du den Kindern angetan hast?" Ich glaube, sie war eine böse Person, sie hatte so eine Aura um sich, ganz dunkel.

Sie selbst, so sagt Linda, sei nie belästigt worden im Gefängnis. Sie sei gut ausgekommen mit den Insassinnen, vor allem aber mit den Governors, den Leitern.

Ich hatte diesen Ruf, und der schützte mich. Die Governors sagten mir oft: „Aber Sie sind ja so nett, Linda!" Und ich bin nett, ganz tief in mir drin. Ich will keine Ausreden finden für die Frau, die ich damals geworden war. Und ich habe teilweise verdient, was mir dann passierte. Aber ich bin eine nette Person.

Nach 18 Jahren durfte Calvey in den offenen Vollzug. Und traf an einem Sonntag in einem Restaurant einen Geschäftsmann, George Caesar, reich geworden mit der ersten Bleiche in Plastikflaschen.

Eine Freundin hatte mich in ihr Restaurant eingeladen, sie hatte vorher eine Biografie über mich geschrieben. Sie kannte George und sagte zu ihm: „Das ist Linda." Und er sagte: „Ach, die Linda, über die du geschrieben hast." Und er fragte mich, ob wir uns bald wiedersehen. Und ich sagte ihm, nein, ich komme immer nur sonntags raus. „Aus was?", fragte er. Dem Knast, hab ich gesagt. Und dann holte er mich am nächsten Sonntag mit einem roten Rolls-Royce ab. Das war eine Show.

Nachdem Linda entlassen worden war, heirateten sie. Sie sagt, die Ehe sei glücklich gewesen. Allerdings kann sie aufgrund ihrer Bewährungsauflagen England nicht verlassen, er lebt vorwiegend in Spanien. Einige seiner Familienmitglieder sagen, dass George Caesar am Ende die Heirat bedauert habe, als er an Krebs erkrankt war. Er stirbt in Spanien. Laut Linda hat er ihr noch vor seinem Tod aufgetragen, dass sie ihr Buch endlich zu Ende schreiben solle, ihr Leben in ihren eigenen Worten.

Mein Buch hat so viele großartige Kritiken bekommen. Sie sagen, es sei eine unglaubliche Geschichte, mein Leben. Und das Buch hat mir neue Möglichkeiten aufgezeigt, es hat mir viel Gutes gebracht.

Doch nicht alle finden es schicklich, dass Linda Calvey heute so in der Öffentlichkeit steht. Ihr Auftritt im Frühstücksfernsehen zog Beschwerden nach sich: Warum wird einer verurteilten Mörderin auch noch eine Bühne gewährt? Laut der Bewährungsauflagen darf Linda an ihren Verbrechen nicht verdienen, sie wird für Interviews nicht bezahlt. Die Einnahmen des Buches bekommen die Kinder. Doch sie weiß genau, was sie wert ist. Sie hat schon den nächsten Buchvertrag unterschrieben, sagt sie, dieses Mal für einen Roman, über eine Familie im East End. Und sie würde ihr Leben gern als Film sehen.

Am Ende zahlt sich Verbrechen nicht aus. Für mich nicht. Heute kann ich mir nicht mehr vorstellen, auch nur eine Tafel Schokolade in einem Laden zu stehlen. Aber du kannst auch nicht alles bedauern, das würde dich von innen auffressen. Wenn ich mein Leben ändern könnte – ich würde auf meine Kinder nie verzichten. Also bin ich wieder bei Mickey und am Anfang von allem. Man kann nicht einfach ein Leben ändern. Ich verdiene heute mein Geld mit Geschichten über mein Leben. Ich bin eine redliche Frau. ●

„Heute kann ich mir nicht mehr vorstellen, auch nur eine Tafel Schokolade in einem Laden zu stehlen"

Linda Calvey mit ihrem Sohn und ihrer Tochter. Die Einnahmen aus dem Buchverkauf stehen nur den Kindern zu

Foto: Jules Annan/Retna/Avalon

Nicolette
unzensiert und ungeniert
So habt ihr TLC noch nie gesehen!
TLC
Neue Serie
MONTAG 23:15
Dein Sender im Free-TV. Jetzt mehr erfahren auf TLC.de

Romano Rojan, Feuerschlucker und Pferdedompteur, hat ein Mädchen gestohlen: die Akrobatin Tonyta Kaiser

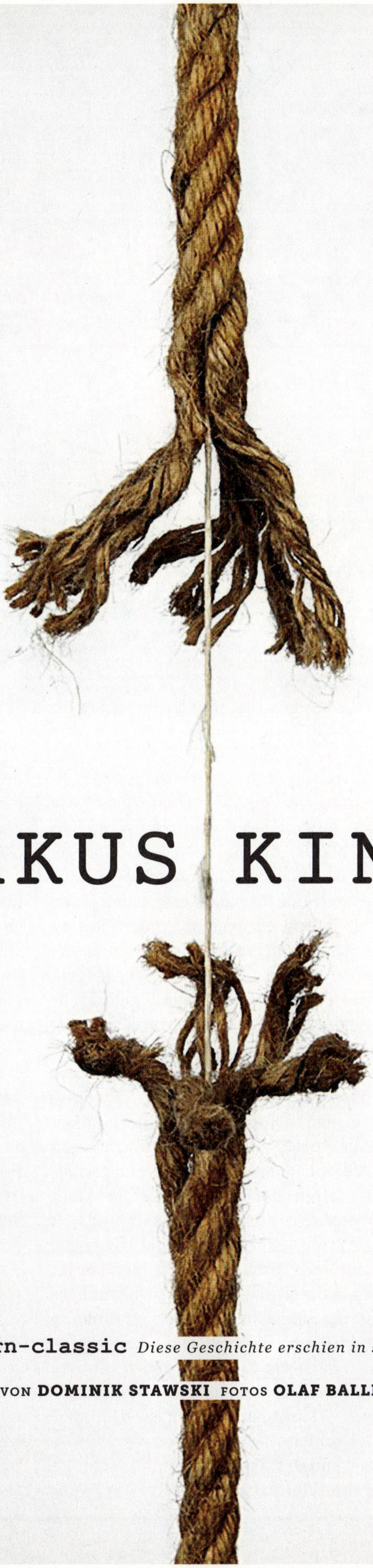

Ihre Liebe ist wichtiger als alle Regeln, glauben die beiden.

ZIRKUS KINDER

Doch es gibt Menschen, die das anders sehen

// **stern-classic** *Diese Geschichte erschien in stern Nr. 43/2012*

VON **DOMINIK STAWSKI** FOTOS **OLAF BALLNUS**

Foto: Maurizio Milanesio/Prisma

S

Straßenlaternen warfen ein fahles Licht auf den leeren Kinoparkplatz. Romano stellte den Motor seines weißen Kastenwagens ab.

Sieben Stunden war er durch die Märznacht gefahren, von Rheinland-Pfalz bis in den Norden Hamburgs. Dann war er noch eine Stunde durch das Viertel am Stadtrand geirrt, bis er die Stelle fand, an der sie sich verabredet hatten. Hatte Zigarette um Zigarette geraucht. Drei Schachteln insgesamt. Jetzt, weit nach Mitternacht, hatte er Tonyta endlich gefunden.

Im weißen Licht der Laternen stand er ihr zum ersten Mal gegenüber. Ihr zierlicher Körper, mitten auf dem leeren Parkplatz. Die Schiene an ihrem linken Arm, weil sie sich zwei Wochen zuvor bei einem Sturz in der Manege das Handgelenk gebrochen hatte. Ihr rötliches Haar, das Piercing über der Lippe und die goldenen Ohrringe.

Tonyta schaute auf zu Romano, so groß, so muskulös, das breite Kreuz, wie ein reifer Mann. Keiner dieser zarten, pubertären Jungen, die sich nachts immer an den Wohnwagen der schönsten Frau im Zirkus schlichen.

Tonytas Gepäck lag noch in ihrem Wohnwagen, sie führte Romano durch die Dunkelheit. Tastende Schritte. Weder reden noch flüstern, aus Angst, ihre Schwester zu wecken, mit der sie den Wagen teilte. Tonyta hatte heimlich zwei Körbe und drei Taschen gepackt, sich noch in die Wanne im Badewagen gelegt, um gut zu duften. Tasche für Tasche reichte sie Romano. Ein paar Minuten später fuhren sie auf die Autobahn zurück Richtung Süden. So nah wie in diesem Moment waren sie sich noch nie gewesen. Sie hätten sich küssen können oder dem anderen über das Bein streicheln. Aber sie taten es nicht. Sie schwiegen.

Sie ahnten, dass es Ärger geben würde.

Zwei Zirkuskinder, die sich kennengelernt haben über das Telefon, wie es viele von ihnen tun. Zirkusleute suchen Zirkusleute, denn die „Privatleute“, wie sie alle anderen nennen, verstehen nichts von diesem Leben in der Manege. Also kaufen sich Zirkuskinder ein Handy und eine Prepaid-Karte, laden jeden Monat mit ein paar Euro die Flatrate auf, telefonieren unentwegt. Sprechen mit Cousinen, Cousins, deren Freunden, den Freunden der Freunde, alles fahrendes Volk. Reden über ihre Nummer in der Vorstellung, über die Narben, die sie in der Manege davongetragen haben, über ihre Träume, den richtigen Partner, den Wunsch, Kinder zu bekommen. Alle hocken sie in ihren Wohnwagen oder arbeiten auf der Wiese, einer schaltet sich in die Telefonkonferenz, stellt den anderen seine Cousine vor und holt sie in die Leitung, dann unterhalten sich vier oder fünf Leute. Immer weiter spannen sich die Netze. Irgendwann, es ist etwa ein Jahr her, landeten Romano und Tonyta in der gleichen Leitung.

„Es ist ein Zigeuner“, sagte Tonyta später ihrer kleinen Schwester Georgina, als sie fragte, mit wem sie da immer telefoniere. Mehr erfuhren die Schwester und der Rest der Familie nicht. Es war schon zu viel, denn Tonytas Familie, Circus Kaiser, hatte schon immer etwas gegen „Zigeuner“, wie sie sie nennen. Die Mutter sagte ihrer Tochter nur: „Lass das sein mit dem!“

Und so schmiedete Tonyta Anfang des Jahres den Plan, sich von Romano stehlen zu lassen, gleich nach ihrem 18. Geburtstag im März. Ohne dass sie ihn vorher auch nur ein einziges Mal getroffen hätte. Und ohne ihn, wie es die Zirkustradition verlangt, ihrer Familie vorzustellen.

Es war kalt an diesem Märzmorgen, kurz nach Sonnenaufgang, als Romano und Tonyta nach sechs Stunden Fahrt auf dem Platz des Circus Danielo in Freinsheim bei Ludwigshafen aus dem Auto stiegen. Tonyta sah im Morgenlicht einen kleinen Zirkus, genauso wie der Circus Kaiser, ein paar Wohnwagen, ein Gehege, keine Raubtiere, nur ein paar Lamas, Pferde und Ziegen.

Vor der Abfahrt hatte Romano noch stundenlang seinen Wohnwagen geschrubbt. Der Tabbert Baronesse 620, mehr als sechs Meter lang, ist so etwas wie ein alter Mercedes unter den Wohnwagen. Romano wusste, dass Tonyta Ordnung mindestens so sehr liebt wie er, also hatte er auch die Gardinen gewa-

schen, die goldenen Zierleisten geputzt. Nun führte er sie hinein, zur Wärme des Elektroofens. Sie küssten sich zum ersten Mal. Zu mehr kamen sie nicht.

Die Rojans erwachten. Neugierige Geschwister klopften an Romanos Wagen.

Dann nahm Romano Tonyta an die Hand. Seine Eltern saßen am Frühstückstisch, als sich die Tür ihres Wohnwagens öffnete. Ihr Sohn stand da, im Arm Tonyta. „Mama, Papa, das ist eure Schwiegertochter!“

Romanos Mutter starrte zur Tür. Ihr Sohn hatte das Mädchen, über das er nur wenig erzählt hatte, einfach gestohlen. „Gib uns die Nummer von deinen Eltern, Mädchen“, sagte sie. „Wir regeln das mit deinem Vater.“

Die Kaisers (l.) betreiben seit Generationen ihren Zirkus, der vor über 150 Jahren gegründet wurde. Auch der Zirkus der Rojans ist mehr als 100 Jahre alt. Es sind zwei stolze Familien

Sie wählte die Nummer von Tonytas Vater. Sie erwartete Gebrüll. Aber der alte Kaiser blieb besonnen. Mutter Rojan bat um Entschuldigung für das Verhalten ihres Sohnes, „er hätte sich vorstellen sollen“. Sie versprach, dass sie auf Tonyta aufpassen würden. „Der Junge soll gut zu meiner Tochter sein“, sagte Vater Kaiser noch. Seine Tochter hatte ihm nachts eine SMS geschickt. „Macht euch keine Sorgen.“ Das hatte ihn beruhigt.

Tonyta brachte die ersten Tage kaum einen Happen herunter, so schüchtern war sie. Sie zog sich in ihren Wohnwagen zurück, Romano immer bei ihr. Mehr brauchten sie nicht, um glücklich zu sein. Sie redeten und redeten: „Wie viele Freundinnen hattest du schon?“ – „Eine.“ – „Willst du immer Zirkus machen?“ – „Vielleicht, weiß nicht.“ – „Willst du Kinder?“ – „Natürlich.“

Endlich konnte Tonyta ihm in die dunklen Augen blicken, wenn sie solche Fragen stellte. Am Handy war es seine tiefe Stimme gewesen, die es ihr angetan hatte. Nun war es das Lächeln, während sie die Fragen stellte, so, als ob Romano nur darauf wartete, Antworten zu geben. Er war jetzt ein Mann mit einem respektablen Wohnwagen und einer hübschen Frau, auf die er aufpassen würde.

Manchmal kicherten sie, erinnerten sich an ihre Flucht und wie viel sie in dieser kurzen Zeit schon erlebt hatten. Abends starrten sie auf den Flachbildfernseher, den er mit einer Kordel über seinem Bett befestigt hatte, schauten Bollywood-Filme, rauchten mit Romanos Geschwistern in der Couchecke. Verschwanden unter der Bettdecke, wenn sie endlich wieder allein waren.

Tonyta wollte jetzt auch im Circus Danielo in die Manege. Wegen des gebrochenen Handgelenks schaffte sie noch keinen einarmigen Handstand, wie sie ihn immer kerzengerade auf dem eckigen Kinn ihres Vaters gewagt hatte. Doch die Hula-Hoop-Reifen würde sie packen. Von ihren Eltern ließ sie sich die mit Pailletten bestickten Kostüme schicken, fast alle bauchfrei.

„Hier kommt meine Schwiegertochter, Tonyta Kaiser!“, brüllte Mutter Rojan an einem Sommerabend ins Mikrofon. „Unsere Disco-Queen!“ Der Vorhang schwang auf, Shakira dröhnte aus den Lautsprechern. 15 Gäste, ein bisschen Popcorn. Tonyta trug Hotpants. Romano warf ihr die Hula-Hoop-Reifen zu. Die Scheinwerfer gingen an, aus, an, aus. Tonyta kreiste so schnell mit ihrem Körper, dass sie am Ende 15 Reifen gleichzeitig in der Luft hielt.

I

Ihren Eltern im Circus Kaiser fehlte Tonyta. Sie war die beste Artistin, der ganze Stolz der Eltern. Die Gäste, die den Zirkus aus den vergangenen Jahren kannten, fragten: „Wo ist denn die →

kleine Artistin?“ Für Tonyta war Angelo, ihr kleiner, etwas pummeliger Bruder, ins Programm gerutscht. Er balancierte auf einem Brett, das auf einer Rolle lag.

Die Kaisers versuchten sich damit abzufinden, dass Tonyta nun zum Circus Danielo gehörte. Nur hätten sie gern mehr über die Familie Rojan erfahren, an die sie ihre Tochter verloren hatten. Tonyta blieb am Telefon wortkarg, erinnert sich ihre Mutter, die Fragen der Eltern nervten sie, sie war doch erwachsen.

Ihre Cousinen und Cousins aus Bayern aber hatten gehört, dass der Zirkus um Plätze bangen müsse. Dann erfuhren die Kaisers, dass die Rojans vor ein paar Jahren Spenden bekommen hatten, weil das Geld kaum reichte. Damals gab es Berichte in saarländischen Zeitungen.

„Betteln die etwa?“, fragte sich der alte Kaiser, ein Hüne mit eckigem Gesicht. „Geht sie denn noch zum Arzt, um sich die Hand anschauen zu lassen?“, fragte sein Schwager. Vater Kaiser kannte keine Antwort. „Ich habe gehört, dass Tonyta sich ständig mit Romanos Geschwistern streitet“, sagte Mutter Kaiser. „Bei denen haben die Frauen doch nichts zu sagen.“ Es war wie stille Post im Zirkus.

An einem Samstag Anfang Juli brachte die stille Post neue Kunde. „Tonyta hat ein blaues Auge!“, hatten die Cousinen gehört. Der Vater wählte Tonytas Nummer. Er weiß noch genau, wie das Gespräch lief. „Du hast ein blaues Auge!“, rief er. „Nein“, sagte Tonyta, „was redest du?“ – „Du bist geschlagen worden!“ –

Tonyta wollte sich nicht von Romano trennen. Auch nicht, als der Kampf begann und die Polizei kam. Romanos Vater erwischte es am schlimmsten

„Nein, Papa!“ – „Du hast dich mit der Schwägerin gehauen!“ – „Nein!“

Tonyta wollte es beweisen. Sie schickte ein Foto als MMS auf das Handy ihrer Schwester Georgina. Es war eine schlechte Aufnahme, unscharf, geschossen in Romanos Wohnwagen, im Hintergrund blendete das Licht durchs Fenster. Tonyta sieht müde aus, ihre rechte Gesichtshälfte liegt im Schatten. Die Kaisers werteten den Schatten als Beweis.

Tochter Georgina diktierte Vater Kaiser die aktuelle Adresse vom Circus Danielo ins Navigationsgerät: Berliner Straße in Bad König, Hessen. Er wusste, dass die Rojans viele waren. Er rief seinen Schwager und seinen Bruder in Bayern an.

E

Es war 16 Uhr an diesem 7. Juli, als der silberfarbene Opel Zafira nach Süden fuhr.

Hinter dem Steuer Vater Kaiser, auf dem Beifahrersitz sein Schwager, hinten Sohn Angelo und ein Mitarbeiter. Seit auch er vergangenes Jahr in der Manege abgestürzt war, hatte Vater Kaiser drei Schrauben in der rechten Schulter. Doch für einen Kampf unter Männern würde es reichen. Kaum später startete ein schwarzer Mercedes in Bayern, vier Mann Unterstützung.

Bei den Rojans liefen am Abend die Fernseher. Weltmeister Wladimir Klitschko trat gegen Tony Thompson an. Die Rojans freuten sich auf einen guten Kampf, da sah Romano gegen halb elf die Lichter von Autoscheinwerfern über die Decke seines Wohnwagens huschen. Er rutschte auf die Bettkante, zog eine Hose über die Boxershorts, da rumpelte es an der Tür. Romano bückte sich nach seinen Socken, da traf ihn ein Schlag. Warf ihn aufs Bett. Romano richtete sich auf, erkannte das eckige Gesicht von den Bildern, die Tonyta ihm gezeigt hatte, da spürte er die Faust schon wieder.

„Papa!“, schrie Tonyta. „Papa! Was ist los?“ Sie sprang dazwischen. „Hör auf! Lass ihn in Ruhe!“ – „Mit rauskom-

Foto: Radio Hamburg

men!“, brüllte Vater Kaiser. Er packte seine Tochter am Arm, zog sie aus dem Wohnwagen auf die Wiese. „Zeig die blauen Flecken! Das Auge!“ – „Was willst du, Papa?“

Der Vater zerrte sie in Richtung Straße, damit er sich seine Tochter unter der Laterne genauer anschauen konnte; Romano rannte hinterher. „Was willst du von uns?“, schrie er Vater Kaiser an.

Ein paar Meter entfernt prügelten sich die Rojans und die Kaisers. Mit Fäusten und Baseballschlägern, wie die Ermittlungen später ergaben. Niemand schaute mehr Klitschko.

Romanos Mutter schrie, kreischte, stürzte in den Wohnwagen, setzte einen Notruf ab. Griff zu einer Pistole, die sie in ihrem Wagen versteckt hielt, seit sie im Zirkus ihrer Eltern vor 20 Jahren einmal überfallen worden war. Sie schoss. Ein Warnschuss in die Luft, sagte sie später in der Vernehmung. Erst als die Polizei, schwer bewaffnet und mit schusssicheren Westen, das Gelände stürmte, ließen die Familien voneinander ab. Die Polizisten rissen die Kaisers zu Boden, fesselten sie mit Kabelbindern. Suchten mit einem Helikopter nach den Verwandten aus Bayern, die vom Platz über die Straße auf die Felder geflohen waren.

Kurz bevor die Beamten die Kaisers in die Autos verfrachteten, rannte Tonyta zu ihrem Vater. Sie konnte ihm nur noch zurufen: „Ich bleibe hier!“ Dann schob sie ein Polizist beiseite.

Am schwersten getroffen hatte es Romanos Vater. Steißbeinbruch. Er konnte danach nur noch gekrümmt gehen.

Zwei Sonderkommandos der Polizei durchsuchten die beiden Zirkusse. Bei den Kaisers in Hamburg fanden sie zwei Pumpguns, dazu Schrotpatronen, eine Smith & Wesson, eine Gaspistole und einen Teleskopschlagstock. Bei den Rojans entdeckten sie drei Pistolen, 85 Neun-Millimeter-Patronen und 383 Schuss Kleinkaliber 22 Short.

Vater Kaiser hatte unter der Straßenlaterne keine blauen Flecken auf seiner Tochter entdecken können. Noch in der Nacht hatte Tonyta mit ihrer Mutter gesprochen, geschrien und das Handy danach auf den Boden geschmettert und die SIM-Karte zertreten. Die Einzelteile liegen heute, ein paar Wochen später, in Romanos und ihrem Wohnwagen, in der Schublade gleich über dem Ofen, vor dem sie sich das erste Mal küssten.

Nie wieder hat Tonyta seitdem mit ihrer Familie gesprochen. ●

EPILOG

stern-Reporter Dominik Stawski besuchte Tonyta und Romano drei Jahre nach dem ersten Erscheinen dieses Textes wieder im Zirkus. Die beiden stritten sich häufiger als zu Beginn ihrer Liebe. Bald darauf trennte sich das Paar

„WARUM TUN WIR,

Er ist einer der erfolgreichsten Krimi-Autoren der Welt. Kaum

WAS WIR TUN?"

einer blickt so tief in die Seele der eigenen Figuren wie er.
Eine Begegnung mit Håkan Nesser

INTERVIEW
DIRK VAN VERSENDAAL

FOTOS
ROSDIANA CIARAVOLO

H

Herr Nesser, was halten Sie von der Idee, ein Detektivbüro auf Gotland zu eröffnen – so wie Ihr Kommissar Gunnar Barbarotti es für sein Karriereende erwägt?

Das halte ich für einen ganz schlechten Einfall. Auf Gotland passiert nichts Schlimmes. Wir hängen unsere Haustürschlüssel an einen Nagel neben der Tür. Wir lassen die Schlüssel im Auto stecken. Für Barbarotti aber könnte ein Leben als Inseldetektiv tatsächlich eine Überlegung wert sein. Für einen allerletzten Fall. Leider würde es ein Fall sein, in dem rein gar nichts passiert.

Ein Friedensreich ist Gotland nun auch nicht. 2005 gab es in der Kiesgrube von Fröjel einen spektakulären Doppelmord.

Noch berühmter ist der Mord im „Wisby"-Hotel von 1996. In der Nacht wurde die Rezeptionistin mit einem Bolzenschneider erschlagen und die Kasse gestohlen. 60 Hotelgäste wurden vernommen, Tausende Verhöre geführt, doch der Täter wurde nie gefunden. Man nimmt an, dass es noch heute jemanden auf der Insel gibt, der den oder die Mörder kennt.

Klingt nach Agatha Christie.

Die Wahrheit übertrifft immer alle Dichtung.

Gibt es überhaupt Polizisten auf Gotland?

Ja. Und sogar zwei Staatsanwälte. Das kann gelegentlich mal knapp werden, dann muss auch meine Tochter auf die Insel kommen. Sie ist Staatsanwältin in Sollentuna bei Stockholm.

So rar Verbrechen auf Gotland auch sind – immer mehr Krimis spielen dort.

Ja, Nordic Crime bekommt ständig Zuwachs. Ist ja auch klar: In einem Kriminalroman können wir alles erzählen, sogar philosophisch werden. Das Genre ist fantastisch, doch leider wird es von allen möglichen Leuten missbraucht. Es gibt viele sauschlechte Krimis.

Man kann das Schreiben schwer verbieten.

Ich erinnere mich an eine Lesereise nach Tokio. Im Kanda-Viertel liegen Verlagshäuser und Buchhandlungen so dicht nebeneinander, dass sich dort ungefähr neun Millionen Bücher in den Regalen stapeln, heißt es. Da muss man sich als Autor doch fragen: Braucht die Welt noch einen Krimi?

Welche Bücher lesen Sie?

Nur Romane. Aber kaum Krimis.

Wie kamen Sie zum Lesen?

Durch meinen Vater. Er war Landwirt und lieh sich die Bücher in der Bibliothek aus. Ich fing als Teenager an, Krimis zu lesen. So ist es ja oft: Kriminalliteratur baut eine Brücke zwischen den Büchern der Kindheit und den Romanen der Erwachsenenwelt.

Wenn man in der Kleinstadt Kumla aufwächst, in nächster Nachbarschaft zum berüchtigten Hochsicherheitsgefängnis, lernt man dann früh, was Angst vor Verbrechen ist?

Es wäre eine schöne Erklärung dafür, dass ich über Morde schreibe. Doch ich war schon 15, als die Anstalt 1965 gegründet wurde. Einmal war ich sogar im Inneren der „Großen Grauen", wie sie bei uns hieß. Wir haben mit unserer Fußballmannschaft gegen das Gefangenen-Team gespielt, ich war Torwart. Wir haben verloren, aber unser Gegner hatte ja immer nur Heimspiele.

Legendär ist der große Kumla-Ausbruch vom August 1972.

Meine Mutter erzählte mir, wie viel Angst die Leute hatten. Was natürlich Unsinn war. Keiner der Ausbrecher wird auch nur eine Sekunde lang überlegt haben, in einem Ort wie Kumla zu bleiben.

Fast 25 Jahre lang waren Sie Schwedisch- und Englischlehrer. An der Schule haben Sie ein Musical inszeniert und den Text dazu verfasst.

Ja, ich habe auch Musiktheater unterrichtet. Die Schüler waren angetan. Einige haben das Manuskript bis heute aufbewahrt. Bringen Sie mal 110 sechzehnjährige Schauspieler auf eine Bühne! Das war eine echte Leistung.

1988 debütierten Sie mit einem Liebesroman. Wie kamen Sie fünf Jahre später zum Mord und Ihr Van Veeteren an seinen ersten Fall?

So groß ist der Unterschied zwischen Liebe und Verbrechen ja nun nicht. Ich stellte fest, dass meine Geschichte am besten als die eines Verbrechens zu erzählen war. Es war das reinste Glück, dass ich in den Beginn des Booms hineinplatzte. Außer Maj Sjöwall und Per Wahlöö gab es Anfang der Neunziger bei uns keine erfolgreichen Krimiautoren. Mankell hatte gerade erst debütiert.

Später feuerte die „Millennium"-Trilogie Stieg Larssons den Erfolg des Schwedenkrimis weltweit an. Was halten Sie davon, dass David Lagercrantz seine Geschichte weitergesponnen hat?

Grabplünderung war schon immer ein ertragreiches Gewerbe. Egal, wie gut Lagercrantz sonst vielleicht schreiben kann: Ich finde es unverschämt. So etwas gehört sich nicht.

Warum lieben gerade die Deutschen den Schwedenkrimi so sehr?

Vielleicht weil sie mit Pippi Langstrumpf, „Bullerbü" und Michel aus Lönneberga aufgewachsen sind? Sie fühlen sich heimisch in der Welt der Wälder, Seen und roten Hütten. Wenn sie dann erwachsen sind, kommen eben Mord, Blut und die dunkle Seite dazu.

Ohne die deutschen Leser hätten die skandinavischen Autoren nicht viel zu lachen.

Der deutsche Markt ist extrem wichtig für uns. Die Deutschen sind die besten aller Leser. In jeder Kleinstadt gibt es mindestens eine hervorragende Buchhandlung. Im Prinzip kann man sich bei einer Lesung vor die Leute setzen, sie

ZUR PERSON

„Der nördliche Teil von Gotland im Herbst, das ist der Himmel auf Erden", schreibt Håkan Nesser in seinem neuen Kriminalroman „Barbarotti und der schwermütige Busfahrer". Der 70-Jährige lebt seit Langem ländlich abgeschieden auf der Ostseeinsel. Nesser hatte 25 Jahre lang als Schullehrer gearbeitet und 1988 mit einem Liebesroman debütiert. 1993 wechselte er das Genre und legte mit seiner Reihe um Kommissar Van Veeteren einen der Grundsteine für den internationalen Erfolg des „Nordic Crime"

Fotos: Rosdiana Ciaravolo/Getty Images; Robert Matton AB/Alamy/mauritius images

kurz begrüßen und dann das Buch aufschlagen. Die Zuhörer brauchen keine Sketche oder Stand-up-Comedians. In Österreich oder der Schweiz funktioniert das nicht so einfach.

Mögen Sie diese Auftritte?

Ja, weil man da feststellt, dass es tatsächlich echte Menschen gibt, die lesen, was man allein für sich schreibt. Es braucht diese Bestätigung.

Haben Sie Schreibroutinen?

Ich kann überall arbeiten, wo ich nicht abgelenkt werde. In Hotelzimmern. Im Zug. Am besten aber auf Gotland. Idealerweise stehe ich auf, gehe mit dem Hund spazieren und schaffe dabei Ordnung im Kopf. Dann versorge ich die Pferde und beginne mit dem Schreiben. Jedes Kapitel erst mal mit der Hand.

Zur Freude Ihrer Leser sind Sie ein Vielschreiber.

An manchen Tagen schaffe ich fünf, acht oder sogar zehn Seiten. Mein Tempo ist hoch, das hilft mir dabei, den speziellen Rhythmus jedes einzelnen Kapitels zu halten, seine eigene Melodie.

Werden Sie mit den Jahren schneller?

Ich schreibe mehr und mehr. Am besten ist es, wenn ich so schnell schreibe, wie ich lese.

Woran sitzen Sie gerade?

Mein neues Buch entstand, als ich im vorletzten Winter wegen einer Darmkrebs-OP im Krankenhaus von Visby war. Im Einzelzimmer mit Meerblick, die Ostsee lag keine 20 Meter entfernt. Fantastisch! Zum Nichtstun verurteilt lag ich im Bett und arbeitete an meiner Geschichte. Es ist wieder ein Barbarotti-Roman geworden, die Handlung spielt im Jahr 2020. Logischerweise hatte ich Corona nicht mit einem einzigen Wort erwähnt. Das muss ich jetzt nachträglich einarbeiten.

So ganz auf der Höhe ist Ihr Barbarotti nicht. Seine Kollegin und Lebensgefährtin scheint wesentlich fähiger.

Erinnern Sie sich an Peter Falk in der Rolle des Inspektors Columbo? Der Mörder schien davonzukommen, doch dann stellte Columbo, der vertrottelt im Trenchcoat herumstand, eine letzte Frage – zack, war der Täter überführt. Ähnlich ermittelt Barbarotti. Ich bin nicht sonderlich interessiert an der systematischen Aufklärung eines Verbrechens, an penibler Polizeiarbeit.

Rätsel mit Lösungen sind sterbenslangweilig, schreiben Sie. Wie wichtig ist es im Roman, nicht auf alle Fragen eine Antwort zu bekommen?

Sehr wichtig. Am Ende muss man natürlich wissen, wer der Mörder ist. Aber sonst? Gute Geschichten leben immer auch vom Ungewissen. Und das echte Leben ist voll mit Fragezeichen.

Die Welt ist voller Irrer, sagt der Busfahrer in Ihrem neuesten Roman. Teilen Sie diese Meinung?

Nein. Obwohl man es bei einem Blick auf Jair Bolsonaro oder Donald Trump natürlich so sehen könnte. ⟶

Warum brennen in Schweden im Sommer so viele Schulen? So viele Autos?

Der August ist ein besonders schlimmer Monat. Die Jugendlichen kehren aus dem Urlaub und vom Ferienjob in die Stadt zurück, sie haben erst mal nichts zu tun und fragen sich: Was können wir jetzt Aufregendes anstellen? Die Schule abfackeln! So erkläre ich mir das jedenfalls. Und ich sage es als ehemaliger Lehrer, als Fachmann also.

Eine andere schwedische Vorliebe scheint der „styckmord" zu sein, das Zerstückeln.

Ich habe mal mit unserem berühmten Kriminologen und Krimiautoren Leif GW Persson darüber gesprochen. Das ist eine Frage der praktischen Entsorgung, hat er mir erklärt. Eine Leiche wiegt unglaublich viel, es ist fast unmöglich, sie zu tragen.

Könnte es auch damit zu tun haben, dass Schweden auf einem Granitsockel liegt? An vielen Orten braucht es schon Dynamit, um den Boden zu öffnen.

Das ist jetzt Ihre Theorie. In der Literatur eignen sich Leichenteile besonders gut, weil sie so schauerlich sind. Begann nicht Henning Mankells Roman „Die weiße Löwin" mit einem abgeschnittenen Finger? Das war übrigens ein dramaturgisch meisterhafter Krimi.

Warum haben Sie Van Veeteren nie in Schweden arbeiten lassen, sondern im fiktiven Ort Maardam?

Geografie kann wichtig sein, muss aber nicht. Gewisse Erzählungen werden besser durch genaue Angaben, andere wiederum gewinnen durch Allgemeingültigkeit. Wer „Hamlet" liest, muss nicht wissen, dass es sich auf Schloss Kronborg in Helsingør abspielt. Sobald man die Handlung an wirklichen Orten spielen lässt, läuft man Gefahr, sich in endlosen Recherchen zu verstricken.

Wie behalten Sie den Überblick über Orte und Namen?

Als ich mein erstes Buch über Van Veeteren schrieb, habe ich eine Landkarte gezeichnet, um nicht durcheinanderzukommen. Das habe ich aber schnell sein lassen. Stattdessen sollte ich eher ein Namensregister aller Figuren führen. Wenn ich wieder mit einem Barbarotti beginne, frage ich mich jedes Mal: Wie hießen noch mal die vier Kinder seiner Lebensgefährtin Eva?

Sie haben Romane aus der Perspektive einer Frau geschrieben. Es gibt Leute, die finden, dass Männer das nicht länger sollten.

Das ist ein moderner feministischer Standpunkt, den ich nicht teile. Als Autor darf man sich natürlich in den Kopf eines anderen Menschen hineinversetzen. Egal, ob das ein Kind ist, eine Frau oder ein Mann, ob Brasilianer oder Französin. Man muss sich hineindenken dürfen, auch in einen KZ-Häftling oder eine Weltreisende. Gute Literatur beweist, dass so etwas geht.

„EIN KLEINES FRAGEZEICHEN IST VÖLLIG OKAY. ABER NICHT STÄNDIG DIESE CLIFFHANGER!"

Sie haben ein Faible für seltsame Namen. Ihre literarischen Figuren heißen Eniro Moll oder Butjo. Gefällt Ihnen eigentlich Ihr Name? Håkan?

Nee, nicht besonders. Ich habe mich an ihn gewöhnt. Meine Frau mag ihren Namen auch nicht. In Schweden gibt es nur elf Elkes.

Sie kommt aus Deutschland.

Ihre Eltern sind zu Beginn der Sechziger aus Tübingen eingewandert. Sie ist in Östersund aufgewachsen. Elkes Sohn hat übrigens als Eishockey-Profi für die Kölner Haie gespielt. Und in Iserlohn.

Liest sie Ihre Manuskripte?

Manchmal lese ich ihr laut vor. Ist das eine dumme Idee, jetzt am Abend?, frage ich dann. Nein, nein, sagt sie. Spätestens wenn ich fertig bin, stelle ich fest, dass sie eingeschlafen ist. Manchmal erwacht sie zwischendurch und sagt, dass sie gar nicht geschlafen hat.

Sie sollten ein paar Cliffhanger einbauen.

Ein kleines Fragezeichen am Ende des Kapitels ist völlig okay, das hat auch eine lange literarische Tradition. Aber nicht ständig diese Cliffhanger! Mich irritieren Autoren wie James Patterson, die keinen Satz mit mehr als sechs Worten schreiben, kein Wort mit mehr als sechs Buchstaben, so ungefähr.

Sie gelten eher als philosophisch-psychologischer Filigranarbeiter. Nimmt das mit den Jahren zu?

Mag sein. Die Gründe für das Handeln der Figuren sind mir immer am wichtigsten. Warum tun wir, was wir tun?

Ab und an kommen Sie mit der Nachricht, Sie würden demnächst gar keine Kriminalromane mehr schreiben.

Dummerweise habe ich sogar schon ein paarmal laut gesagt, dass ich nur noch zwei Bücher schreiben werde. Es ist ja auch schön, einfach nur herumzusitzen. Aber dann stelle ich fest, dass ich zwar zum Ausmisten des Pferdestalls tauge, ansonsten aber nur zum Schreiben.

Was rät Ihre Frau? Weiterschreiben?

Ihr ist das ziemlich egal, glaube ich. Aber sie behauptet, dass es mir besser geht, wenn ich schreibe. Es stimmt schon, für irgendetwas muss man ja die Verantwortung übernehmen. Das Schreiben ist für mich wie eine Droge. Zurzeit erfreue ich mich an dem Gedanken, nach dem zehnten Roman mit Barbarotti Schluss zu machen.

So wie bei Ihrer Kommissar-Legende Van Veeteren. Dekalogien sind eine verbreitete Sitte unter schwedischen Autoren. Verrückt, oder?

Mit Literatur hat das zugegeben nichts zu tun, sondern mit mathematischer Schönheit: zehn Bücher über Van Veeteren, zehn über Barbarotti. In „Verein der Linkshänder" sind sie beide gemeinsam aufgetreten. 10 und 10 und 21. Das klingt einfach magisch. Anschließend kann ich immer noch ein Detektivbüro in Fårösund aufmachen. ●

// bücher und filme

DVD Abgesang auf einen Gangster-Mythos: Tom Hardy als sterbenskranker Al „Capone“

Al Capone war ein Meister der Eigen-PR. Gegenüber der Presse verhielt sich der Gangster stets freundlich. Er lächelte in die Kameras, posierte und plauderte gern. Die Reporter liebten ihn dafür und halfen mit ihrer Berichterstattung maßgeblich, den Mythos Capone zu schaffen. Zur Legendenbildung trug auch „Scarface“ (1932) von Howard Hawks bei. Capone soll das Werk so gut gefallen haben, dass er sich eine eigene Kopie der Filmrollen besorgte. Der Drehbuchautor Ben Hecht verriet einmal, dass ihn zwei Abgesandte des Mobsters besucht hätten, um sicherzustellen, dass auf der Leinwand keine Geschichten aus dem Leben ihres Bosses ausgeplaudert würden. Als sie hörten, dass es eine Fiktion ist, ließen sie ihn weiterarbeiten. Klar, die Legende ist immer schmeichelhafter als die Wahrheit.

All das muss man wissen, bevor man sich „Capone“ anschaut. Die Herren, die bei Hecht vorbeischauten, hätten Regisseur und Autor Josh Trank wohl mit einem Paar maßgeschneiderter Zementschuhe im nächsten Hafenbecken versenkt. Trank schildert das letzte Lebensjahr von Alphonse Gabriel Capone auf dessen pittoreskem Anwesen in Palm Island, Florida, bis zu seinem Tod am 25. Januar 1947. Das ist elegant inszeniert, aber ohne jeglichen Glamour und auch ohne Gangsterfilm-Klischees. Den Mythos, den großen Verbrecher, gibt es hier nur noch in einer Sendung, die aus dem Radio erklingt. Vor dem Gerät sitzt ein paranoides, geistig verwirrtes, von Syphilis zerfressenes Wrack, furios gespielt von Tom Hardy, das ungläubig der eigenen Geschichte lauscht. Für „Capone“ gilt: Die Wahrheit, wenn auch fiktionalisiert, ist vielleicht nicht so schillernd wie die Legende, aber fesselnd. Anfang 2021 im Handel

Bernd Teichmann ●

SERIE

PLÖTZLICH BOSS

Meist agieren Mafioso-Gattinnen eher diskret im Hintergrund. **„Red Widow“** Marta Walraven (Radha Mitchell) hingegen ist nach der Ermordung ihres Mannes plötzlich Patin und muss das Syndikat am Laufen halten. Der gelungene US-Achtteiler von 2013 feiert nun seine verspätete Premiere in Deutschland. (Fox Channel) Start: 31. Dezember

DVD

SCHRECK NACHLASS

Viel Geld erbt die Staatsanwältin Lauren (Lily Collins) nicht von ihrem verstorbenen Vater. Dafür einen zotteligen Kerl (Simon Pegg), der seit über 30 Jahren im Wald in einem unterirdischen Kerker sitzt. Und alle düsteren Geheimnisse der Familie kennt. Was nun? Dass der Weg zur Antwort mit einigen Ungereimtheiten gepflastert ist, tut der Spannung von **„Inheritance“** keinen Abbruch. Aktuell im Handel

SACHBUCH

MORD IM OSTEN

Dieses Buch ist nichts für schwache Nerven. Reporter Bernd Kaufholz rekonstruiert mit Originalakten zehn Kriminalfälle aus den Jahren 1959 bis 1986. Er schildert unter anderem den **„Hammermord am Hansering“** und zeigt auch Tatortfotos. Ein beklemmendes Bild der dunklen Seite der DDR. (Mitteldeutscher Verlag, 14 Euro). Erscheint am 21. Dezember

KALENDER

TÄGLICHES GRAUEN

Das Jahr fängt schlimm an, mit einem Vierfachmord in Kansas. Und es wird nicht besser. Der Abreißkalender **„True Crime 2021“** erinnert jeden Tag an ein neues altes Verbrechen, vom Attentat auf den Mafiajäger Giovanni Falcone über einen geklauten da Vinci und den Postraub 1963 bis zum grausigen Treiben des Serienkillers Ted Bundy. (Harenberg, 15,99 Euro) Im Handel

Das ganze Land fragt sich: Wer ist der „Running Man"?

stern Crime 33: Wer nach Koh Tao reist, sucht das Vergnügen. Einige Touristen finden im Urlauberparadies den Tod

LESERBRIEFE

// Telepathie?
Eigentlich wollte ich Ihnen schon lange einen Themenvorschlag machen: die Backpacker-Morde auf Koh Tao. Diese Geschichte bietet schließlich alle Kriterien für eine spannende Titelgeschichte. Als ich dann die aktuelle Ausgabe aus dem Briefkasten holte, konnte ich mein Glück kaum fassen. War das Telepathie? Haben Sie vielen Dank für diese umfangreiche Recherche, die ganz neue Aspekte an dieser Geschichte beleuchtet. Ich selbst reiste im Sommer 2018 allein für einen Studienaufenthalt nach Bangkok und dann auch nach Koh Tao, einen Monat nach der Vergewaltigung einer jungen Frau, der die Polizei auf Koh Phangan nicht glaubte. Ich war sehr erschüttert, als ich durch Ihren Artikel die Bars und den Leichenfundort wiedererkannte. Vielen Dank für diese tolle Titelgeschichte, die neben dem „Djatlow-Pass" und „Der Anruf" mein neuer Favorit ist. Übrigens lesen wir Crime jetzt schon in drei Generationen – meine Oma, meine Mutter und ich, 25 – und haben schon zwei Abos. Auch an dieser Stelle möchte ich als Studentin Ihnen danken, dass Sie einen so tollen Studentenpreis anbieten! *JULIA GERSCH*

// Es stört erheblich
Mit dieser E-Mail möchte ich zuallererst ein großes Lob aussprechen. Ihre Ausgaben landen seit mehreren Jahren in meinem Briefkasten und werden sehnsüchtigst erwartet. Dafür vielen Dank und für all die interessanten, schockierenden, fesselnden und teilweise unglaublichen Storys. Bezüglich der Ausgabe 33 habe ich jedoch eine Anmerkung, ein Anliegen, welches eventuell auch auf künftige Ausgaben übertragbar sein könnte. Es geht um die Auswahl, Platzierung der Werbung. Nach dem Bericht „Die Zeugin", in welchem es um schwerste sexuelle und mörderische Handlungen geht, vollzogen durch Messer, folgt die Werbung für eine Leseprobe des Autors Tsokos mit dem Titel: „Zerrissen". Ich finde die Werbung an dieser Stelle etwas deplatziert und beinahe pietätlos. Ebenfalls ist auch eine ganze Seite Werbung mitten im Artikel eingeschoben. Ich habe absolut nichts gegen Werbung oder Leseproben. Allerdings würde ich mir wünschen, dass Werbung *zwischen* den einzelnen Artikeln vorkommt und nicht mittendrin. *KEVIN PFANN*

// Andere Platzierung
Erst einmal ein großes Lob an Sie. Ich finde Ihre Zeitschrift sehr lesenswert und habe mir jetzt auch ein Jahresabo schenken lassen. Was mich stört, sind die Produktplatzierungen (Werbung). Mir ist klar, dass Sie aus finanzieller Sicht Werbung schalten müssen. Das an sich stört mich auch nicht. Aber bitte platzieren Sie die Anzeigen doch bitte vor beziehungsweise nach den Artikeln. Es stört erheblich den Lesefluss, wenn man mitten im Artikel eine ganze Seite Werbung hat und diese erst überblättern muss.
MARIA KLEMENT

Anmerkung der Redaktion:
Sehr geehrte Frau Klement, sehr geehrter Herr Pfann, vielen Dank für Ihre Mails. Wir freuen uns sehr über Ihr grundsätzliches Lob! Was die Anzeigen anbelangt: Es ist gar nicht so einfach, sie zu platzieren, weil da auch Dinge wie Druckreihenfolge und andere Aspekte eine Rolle spielen. Deshalb lässt es sich nicht vermeiden, dass auch mal eine Anzeigenseite im Verlauf einer Geschichte auftaucht. Eine kleine ästhetische Einschränkung ist das vielleicht, aber, so hoffen wir, eine halbwegs erträgliche.

// Aus meiner Region
Hallo Frau Müller, ich bin Leser der ersten Stunde und bin immer wieder

Wenn Sie uns schreiben möchten: info@stern-crime.de

Die Redaktion behält sich vor, Leserbriefe zu kürzen und auch elektronisch zu veröffentlichen. Bitte geben Sie Namen und Anschrift an.

aufs Neue begeistert. Die Geschichten von Ihnen und Ihren Kolleginnen sind im Allgemeinen wirklich gut, besser finde ich Geschichten aus Europa – und am besten gefallen mir Geschichten aus Deutschland. Super finde ich aber, wenn ich dann sogar etwas aus meiner Region entdecke. Wie zum Beispiel in Heft 33 mit Ihrer Geschichte „Genommen“, zusammen mit Ilka Pappenscheller. Und wie der Zufall so will, ist der „Cold Case“ auch Thema in unserer heutigen Tageszeitung. Wollte Ihnen das nur zur Kenntnis zukommen lassen. Vielleicht möchten Sie bei diesem Fall ja am Ball bleiben.

JOCHEN MERKEL

// Der Maskenmann

Haben Sie schon einen Artikel über den Maskenmann veröffentlicht? Ich erinnere mich, dass der *stern* 2011 einen Artikel über ihn brachte. Seit der Geburt meines Kindes kamen Pädophile meinem Sohn in zwei Fällen sehr nahe, letztendlich geriet er den Tätern nur um Haaresbreite nicht in die Fänge. Allerdings war mein Sohn beim zweiten Mal indirekt von den Vorfällen in der Nachbarschaft betroffen und hat sehr darunter gelitten. *REGINE E.*

Anmerkung der Redaktion:
Sehr geehrte Frau Erler, Danke für Ihre Mail. stern Crime hat im Podcast „Spurensuche“ den Fall des Maskenmannes zweimal behandelt. In einer Folge aus Sicht des Fallanalytikers Alexander Horn (Staffel 1, Folge 1) und in einer anderen aus Sicht des Kommissars Martin Erftenbeck (Staffel 3, Folge 1).

// Respekt!

First of all: Ich liebe Eure Zeitschrift! Zwei Monate auf die nächste Ausgabe zu warten ist fast so hart, wie die frisch ausgepackte nicht komplett auf einmal zu lesen. Leider ist das „Auspacken“ nicht so gut für die Umwelt, und das find ich doof. Euch ist Qualität wichtig, das merkt man auf jeder Seite, und natürlich wollt Ihr Euer „Masterpiece of the month“ schützen! Vielleicht würde aber auch ein einfaches Papierband als Schutzschild vor dem Zerfleddern dienen? Danke für Eure krassen, abwechslungsreichen Storys, die Mühen, diese zu recherchieren und so fesselnd auf Papier zu bringen! Das gleiche Lob auch an die Grafik-Abteilung: wunderschöne Cover und Heftgestaltung, der Fantasie wird eine Richtung gegeben, aber auch genug Raum zum Träumen und Gruseln gelassen. Ihr habt es wirklich drauf, Stimmung zu transportieren – Teamwork: 10 outta 10!!! Proper respect von Eurem treuen Fan. *JULES*

// Hinweis auf nächste Folge

Ich bin endlos begeistert vom Heft (geniale Covergestaltung) und Podcast (tolle Aufmachung, super Wechsel der Sprecher, absolut seriöser und professioneller Auftritt) – hochkarätige Qualität in meinen Augen. Da ist qualitativ wenig Vergleichbares vorhanden! Einzige Kritik: Gelegentlich spannt Ihr mich mit den unerwartbar langen Pausen zwischen den Podcastfolgen echt auf die Folter. Da wäre es einfach schön, wenn man am Ende der vorerst letzten Folge einen kleinen Hinweis bekommen würde oder zwischendrin ein kurzer „Trailer“ die Wartezeit erklärt. Sonst ist aber alles echt mega.

SYBILLE

// Einzigartig

Es gibt ja mittlerweile so viele Zeitschriften, die sich mit True Crime beschäftigen. Aber keine ist so gut wie Eure. Die Vielfalt der Geschichten ist einzigartig. Als Beispiel aus der letzten Ausgabe (33) möchte ich hierbei den Artikel „Genommen“ erwähnen. Anders erzählt, anders gemacht, und Fotos und Text sind sehr berührend. Ganz klasse.

MAJA BÖTTCHER

PODCASTS

Derzeit ist die vierte Staffel von „Spurensuche“ zu hören. Weitere Ermittler und Spezialisten erzählen von ihrer Arbeit und ihren interessantesten Fällen:
stern.de, AudioNow, iTunes und Spotify

Exklusiv auf Audible: Fälle aus den Heften mit Originalaufnahmen aus Gesprächen mit Opfern und Angehörigen, mit Ermittlern und Tätern. Erzähler der Geschichten ist Christian Redl. Die ersten drei Staffeln von „Wahre Verbrechen“ sind zu finden unter:
audible.de/crime

HEFTE BESTELLEN

www.stern-crime.de

Auf unserer Internetseite können Sie die aktuelle Ausgabe und die bisher erschienenen Hefte bestellen. Über *stern* Crime PLUS gibt es die Möglichkeit, das komplette Magazin herunterzuladen:
stern.de/crimeplus

//mitarbeiter dieser ausgabe

ANDREAS ALBES war noch *stern*-Korrespondent in New York, als ihn seine Eltern eines Morgens anriefen und von dem rätselhaften Fund erzählten, den sie bei der Sanierung ihres Hauses gemacht hatten. Die Sache sei merkwürdig, meinten sie, sie kämen sich vor wie in einem Hollywood-Thriller. Albes konnte nur aus der Ferne verfolgen, wie die Polizei eingeschaltet und alles noch mysteriöser wurde. Sein Reporterinstinkt war geweckt. Wieder in Deutschland, begann er, der Geschichte selbst nachzugehen. Es wurde eine der kompliziertesten Recherchen seiner Karriere und führte den 53-Jährigen zurück in seine Kindheit.

CHANTALE RAU, Journalistenschülerin der Henri-Nannen-Schule, war schon immer vom Destruktiven fasziniert. Wie lässt sich das Böse erklären? Warum fesselt uns True Crime so sehr? Das Faible begleitete sie auch im Kulturwissenschafts-Studium: Sie schrieb ihre Bachelorarbeit über *stern* Crime. Vier Jahre später recherchierte sie ihren ersten Fall für unser Heft, den des „Norddeutschen Pferderippers". Dabei offenbarte sich ihr eine eigene Welt: „Für Züchter bedeuten die Tiere Prestige, für Hobbyreiter sind sie wie eigene Kinder", sagt Rau. Der „Ripper" ist bis heute nicht gefasst. „Manche glauben allerdings, er sei von Pferdebesitzern auf frischer Tat ertappt und gelyncht worden."

CORNELIA FUCHS, *stern*-Crime-Textchefin, sprach am Telefon mit Linda Calvey über deren Leben als Bankräuberin im Londoner East End und über die Jahre im Gefängnis. Calveys Stimme klang rau, aber erstaunlich sanft. Eines betonte sie mehrfach: wie stolz sie auf ihre Autobiografie sei. Das Schreiben, so erzählte Calvey im Singsang des Cockney-Dialekts, falle ihr leicht. Den nächsten Buchvertrag habe sie schon unterschrieben – diesmal aber sei die Geschichte einer Londoner Familie in den 1960er Jahren vor allem eines: reine Fiktion.

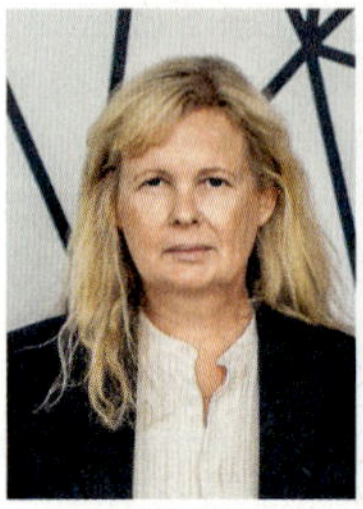

ANETTE LACHE, *stern*-Redakteurin, hat viele Gerichtsprozesse verfolgt. Sie hat Angeklagte erlebt, die ihre Tat nicht im Mindesten bereuten. Andere, die wenig glaubhaft von Reue sprachen. Und einige wenige, die sich anscheinend wirklich schuldig fühlten. Auslöser für ihr Gespräch mit der Psychiaterin Adelheid Kastner war ein Prozess im vergangenen Jahr. Der Angeklagte hatte seine beiden Kinder ermordet und die Verantwortung komplett externalisiert: Schuld waren alle, nur nicht er. Fotograf **PHILIPP HORAK** war nervös, bevor er Kastner besuchte: „Wenn man eine so versierte Psychiaterin fotografiert, fürchtet man, dass jeder Satz, den man sagt, analysiert wird. Aber es lief sehr angenehm und entspannt ab."

BRIAN STAUFFER arbeitet als Illustrator unter anderem für die „New York Times", den „New Yorker", „Rolling Stone" und „GQ". In seinen Arbeiten befasst er sich häufig mit sozialen Fragen. Darum nahm er sich auch gern des Falls von Rabbi Mendel Epstein und seiner Schlägertruppe an. „Sei es sexueller Kindesmissbrauch in der katholischen Kirche, Radikalisierung und Gewaltverherrlichung im Islam oder schwulenfeindliche Therapiepraktiken im Christentum: Mich hat immer interessiert, wie Menschen in religiösen Führungspositionen ihre vorgeblichen Ideale so sehr verdrehen, bis sie zu ihren zwanghaften Neigungen passen", sagt Stauffer.

STEPHAN MAUS, *stern*-Autor, war zu Beginn seiner Recherchen über Richard Ramírez einfach nur abgestoßen von so viel Brutalität. Er fragte sich, wie man diese Geschichte erzählen könnte, ohne in reinen Voyeurismus zu verfallen. Vielleicht, indem man versucht, all die verborgenen Gesellschaftskonflikte freizulegen, die sich in solch einem unfassbaren Verbrechen bündeln. „Die sorgfältige Einbettung eines Kriminalfalls in seine Epoche kann es uns vielleicht ermöglichen, Gesellschaften etwas mehr zu verstehen. Und unsere dann vielleicht sogar ein wenig besser zu machen", sagt Maus.

DIRK VAN VERSENDAAL, *stern*-Redakteur, hatte Håkan Nesser zunächst auf Gotland besuchen wollen. Angesichts steigender Corona-Fallzahlen und überfüllter Fähren trafen sie sich aber in Stockholms Altstadt. Es stellte sich heraus, dass die beiden sich vor rund zehn Jahren in einer Londoner U-Bahn begegnet waren. Da hatte van Versendaal einem Mann gegenübergesessen, der mit Bleistift Seite um Seite eines DIN-A4-Blocks füllte und starke Ähnlichkeit mit dem schwedischen Autor hatte. „Ja, das war ich", bestätigte Nesser jetzt den Verdacht. Damals hatte er in London gelebt.

BENEDICT WERMTER, freier Journalist, recherchiert derzeit eigentlich eher zu Umweltthemen und Menschenrechten. Er saß mit seinem Bruder Alex Kukuk an Weihnachten zusammen, als dieser vom „Mörderhaus" erzählte, in das er kürzlich gezogen war. Wermter fragte sich, wie es wohl den Menschen geht, die dort wohnten oder noch immer wohnen, und machte sich auf, sie zu befragen. Als Fotografin **PAULINA HILDESHEIM** den prunkvollen Altbau erstmals betrat, konnte sie sich schwer vorstellen, dass hier ein Mord passiert war. Beim zweiten Besuch machte sie auch Bilder vom Keller, in dem der Täter Leichenteile vergraben hatte. „Dort fühlte sich das Geschehene auf einmal sehr nah an."

Fotos: Scott Houston; Philipp von Ditfurth/stern; Anna Eve; Marc Jahnen; Timmo Schreiber; Carolin Albers/stern

// impressum

stern Crime erscheint in der Gruner+Jahr GmbH, Am Baumwall 11, 20459 Hamburg, Tel. 040/3703-0

Herausgeber
Florian Gless und Anna-Beeke Gretemeier (V.i.S.d.P.)

Redaktionsleitung
Giuseppe Di Grazia

Art Director
Felix Bringmann

Blattmacher
Bernd Volland

Textchefs
Arne Daniels, Cornelia Fuchs, Dagmar Gassen

Bildredaktion
Andreas Kronawitt; Carolin Theilen, Bianca Verwohlt (fr.)

Grafik
Kristin Pötschke

Chefs vom Dienst
Derik Meinköhn, Andreas Projahn, Dirk Seeger

stern Crime PLUS
Ralf Sander

Mitarbeiter dieser Ausgabe
Andreas Albes, Matthias Bolsinger (fr.), Angelika Hala, Kerstin Herrnkind, Antje Joel (fr.), Anette Lache, Simon Langemann (fr.), Dirk Liedtke, Stephan Maus, Chantale Rau (fr.), Matthias Schmidt, Tobias Schmitz, Matthew Shaer (fr.) Dominik Stawski, Alrun Steinrueck, Annette Streck (fr.), Bernd Teichmann, Anuschka Tomat, Dirk van Versendaal, Benedict Wermter (fr.)

Publisher
Frank Thomsen

Publishing Manager
Nicola Wagner

Anzeigen
Fabian Rother (verantwortlich), G+J Media Sales, Am Baumwall 11, 20459 Hamburg
Es gilt die aktuelle Preisliste.
Infos hierzu unter www.gujmedia.de

Vertrieb
Madeleine Wolgast DPV Deut. Pressevertrieb

Marketing
Sandra Meyer (Director), Ewgenia Klaschik (Manager)

Presse- und Öffentlichkeitsarbeit
Frank Thomsen

Herstellung
G+J Herstellung, Heiko Belitz (Ltg.), Bernd Pieper

Lithografie
Peter Becker GmbH, Würzburg

Druck
Firmengruppe APPL, appl druck, Wemding

Abonnement- und Einzelheftbestellung
stern-Crime-Kundenservice, 20080 Hamburg
Tel. 040/55557800 (Mo.–Fr. 7.30–20, Sa. 9–14 Uhr), Fax 01805/8618002 (14 Cent/Min. aus dem dt. Festnetz).
Einzelheft bestellen: *heft-service@guj.de; Kosten: 6 € (D), 6,90 € (A), 9,60 CHF (CH), alle Preise zzgl. Versandkosten, bitte geben Sie die gewünschte Heftnummer an.*
Abonnement bestellen: *abo-service@guj.de; Kosten: 36 € (D), 41,40 € (A), 57,60 CHF (CH) für 6 Ausgaben (ggf. inkl. Sonderhefte). Preise für weitere Länder auf Anfrage erhältlich. www.stern-crime.de*

ISSN 2364-7930

Gruner + Jahr Digital Products GmbH

Geschäftsführung
Bernd Hellermann, Carina Laudage, Arne Wolter

Managing Director
Julian Kösters

Head of Digital Business Management
Sarah Schüle

Die nächste Crime-Ausgabe erscheint am 6. Februar 2021

// ein prominenter fall

VINCE VAUGHN

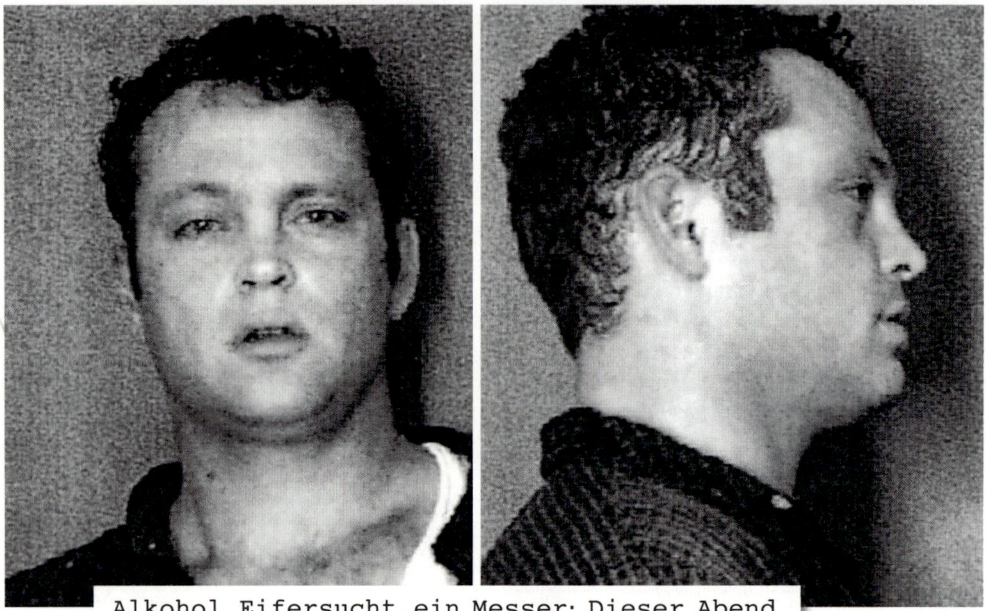

Alkohol, Eifersucht, ein Messer: Dieser Abend hätte für den Schauspieler und seinen Kollegen Steve Buscemi böse enden können

Was tun echte Männer nach Feierabend? Sie gehen einen trinken. Oder auch zwei. Vince Vaughn („Die Hochzeits-Crasher") ist in guter Gesellschaft, als er am 12. April 2001 in Wilmington, North Carolina, in der „Firebelly Lounge" ein paar Drinks nimmt: Sein Kollege Steve Buscemi („Fargo") und ein Drehbuchautor hoffen mit ihm auf einen schönen Abend. Sie drehen gerade mit John Travolta den Thriller „Tödliches Vertrauen", der eher nicht in die Filmgeschichte eingehen wird.

Die Nacht hätte für Buscemi tatsächlich tödlich enden können. In der Bar treffen die Schauspieler auf zwei Einheimische mit ihren Freundinnen. Als eine der Frauen zu später Stunde und nach diversen alkoholischen Getränken Vince Vaughn anspricht, gefällt das ihrem Freund überhaupt nicht. Es folgt das Vorhersehbare: Ein Wort ergibt das nächste, und um zwei Uhr morgens wartet eine aufgeheizte Gruppe von 40 bis 50 Menschen vor der Bar gespannt darauf, dass Vaughn und der eifersüchtige Typ die Sache unter Männern lösen.

Dummerweise will der damals 31 Jahre alte Schauspieler keinen Ärger – und reicht seinem Widersacher die Hand. Die Lage scheint geklärt. Dann aber zieht ein 21-jähriger Student namens Timothy Fogerty ein Messer. „Wer will abgestochen werden?", brüllt er. Die Menge weicht zurück, und plötzlich steht Steve Buscemi, eigentlich völlig unbeteiligt, allein vor dem Messer-Mann. Er versucht vergebens, ihm die Waffe aus der Hand zu treten. Fogerty sticht zu und trifft Buscemi über dem Auge, an Kiefer, Hals und Arm.

Die herbeigeeilte Polizei nimmt den Gewalttäter fest. Als dessen Kumpel höhnt, er freue sich über Buscemis Verletzungen, lässt Vaughn doch noch die Fäuste sprechen. Die Beamten setzen Pfefferspray ein, um die Kontrahenten zu trennen. Buscemi muss ins Krankenhaus. Fogerty kommt mit einer milden Strafe davon, weil sich Buscemi für ihn einsetzt. Und Vaughn? Erhält Hausverbot in allen Bars von Wilmington. ●

Tobias Schmitz

Fotos: eyevine/intertopics/ddp